本丛书编委会◎编

弟子规

DIZIGUI

BENCONGSHU
BIANWEIHUI BIAN

世界图书出版公司

广州·北京·上海·西安

图书在版编目（CIP）数据

弟子规／《青少年必读丛书》编委会编著．—广州
：广东世界图书出版公司，2009.12 （2024.2 重印）
（青少年必读丛书）
ISBN 978 – 7 – 5100 – 1477 – 2

Ⅰ．①弟… Ⅱ．①青… Ⅲ．①汉语 – 古代 – 启蒙读物
Ⅳ．①H194.1

中国版本图书馆 CIP 数据核字（2009）第 216984 号

书　　名	弟子规	
	DI ZI GUI	
编　　者	《青少年必读丛书》编委会	
责任编辑	钟加萍　张梦婕	
装帧设计	三棵树设计工作组	
出版发行	世界图书出版有限公司 世界图书出版广东有限公司	
地　　址	广州市海珠区新港西路大江冲 25 号	
邮　　编	510300	
电　　话	020-84452179	
网　　址	http://www.gdst.com.cn	
邮　　箱	wpc_gdst@163.com	
经　　销	新华书店	
印　　刷	唐山富达印务有限公司	
开　　本	787mm×1092mm　1/16	
印　　张	13	
字　　数	160 千字	
版　　次	2009 年 12 月第 1 版　2024 年 2 月第 12 次印刷	
国际书号	ISBN　978-7-5100-1477-2	
定　　价	49.80 元	

　　《弟子规》为清代康熙时山西绛州人李毓秀(公元1662年～1722年)所作。关于作者李毓秀的生平，记载甚少，只知道他字子潜，平生只考中秀才，主要活动是教书。根据传统对童蒙的要求，也结合他自己的教书实践，写成了《训蒙文》，后来清朝贾存仁修订改编《训蒙文》，并改名《弟子规》，是启蒙养正，教育子弟敦伦尽份、防邪存诚，养成忠厚家风的最佳读物。

　　《弟子规》这本书，影响之大，读诵之广，仅次于《三字经》。弟子就是学生，规是规范，《弟子规》是依据至圣先师孔子的教诲而编成的学生的生活规范。此书以《论语》(学而篇)"弟子入则孝，出则悌，谨而信，泛爱众，而亲仁，行有余力，则以学文"为中心。它规定了学生主修的六门课和辅修的一门课：首先在日常生活中，要做到孝顺父母，友爱兄弟姐妹；其次在一切日常生活中行为要小心谨慎，言语要讲信用；和大众相处时要平等博爱，并且亲近有仁德的人，向他们学习。这些都是很重要、非做不可的事。

　　《弟子规》适合所有学校，各种年龄的人诵读。它已被国内外许多幼儿园、小学甚至大学认可，颇受好评。

　　《千字文》是我国历史上最著名的儿童文化课本。《千字文》是南北朝周兴嗣编纂的，已有 1500 多年历史。其编纂经过颇为有趣。三国时期，魏国的书法家钟繇曾经写过一篇《千字文》，但是在西晋末年被雨水淋坏。

东晋时，书法家王羲之又重新编写，但文理和音韵都不算好。

到了梁武帝时，梁武帝为了教育儿子们学习知识，让人从王羲之写的碑文中拓下一千个不重复的字，命周兴嗣编一套适合儿童阅读的韵文，周兴嗣只用了一个晚上，便完成了这篇韵文，而他的头发也在一夜之间变白了。这就是一直流传到今天的千古绝唱《千字文》。

《千字文》是由 1000 个不重复的汉字组成的一篇四言长诗，通篇音韵谐美，首尾意义连贯，毫无牵强硬凑的痕迹，系统地介绍了天地、自然、修身、处世、农艺、祭祀、饮食、起居等方面的丰富知识，实在是一个了不起的奇迹。

历代大书法家里有很多人用多种字体书写过《千字文》。《千字文》成为传世的名帖。

目 录

弟子规

Contents

Contents

千字文

Contents

Contents

弟 子 规

一、总　叙

^{dì zǐ guī} ^{shèng rén xùn}
弟子规，圣人训；
^{shǒu xiào tì} ^{cì jǐn xìn}
首孝弟，次谨信。

【注释】

规：准则。

训：教导。

首孝弟：语出《论语·学而》篇，"子曰：弟子入则孝，出则弟，谨而信，泛爱众，而亲仁，行有余力，则以学文"。孝弟，《荀子·王制》："能以事亲谓之孝，能以事兄谓之弟。"弟，通"悌"。

【释文】

作为学生要有学生的言行规范，这是古代圣贤的教导，首先要做到孝敬父母，尊重兄长，其次要做事谨慎，为人真诚，讲信用。

【故事】

代父从军

　　花木兰是西汉人,她代父从军的故事在中国妇孺皆知。

　　汉朝时,为防止北方匈奴人的侵扰,汉文帝在河北屯兵驻防,花木兰随父母来到完县定居。

　　后来,战事紧,皇帝下达征兵的命令,恰逢花木兰的父亲重病,不能参军从征,而上面又催逼得紧。花木兰只好女扮男装,替父从军。花木兰从军十二年,竟然没有一个人发现她是一名女子。

　　花木兰在战场上英勇善战,建立了卓越的功勋,得到皇帝的亲自召见和嘉奖。花木兰面对名利,却从容淡泊,只要求皇帝批准她解甲回乡,侍奉年迈的父母。

fàn ài zhòng　　ér qīn rén
泛爱众，而亲仁，

yǒu yú lì　　zé xué wén
有余力，则学文。

【注释】

　　亲仁：亲近道德品格高尚的人。
　　学文：多读书爱学习。

【释文】

　　做人要有爱心,博爱众生,关怀苍生,应该亲近那些道德品格高尚的人；精力有余,时间充足,应该多读书多学习。

【故事】

杜林与古文经学

东汉时,有个人叫杜林,其少年时性格沉稳,酷爱学习。杜林家里的藏书很多,还拜文质彬彬的张竦为师,向他求教。因此杜林见多识广,知识渊博,当时的人都称他"通儒"。王莽战败后,杜林曾遭逮捕而被监禁。光武帝登基称帝后释放了他,并让他做了御史。京城的官员们都认为他知识广博。

当时,来自河南的郑兴、东海的卫宏都擅于古文经学。济南的徐巡拜卫宏为师,后来他们师徒二人又同拜杜林为师。杜林曾在西州得到漆书古文尚书一卷,把这书当宝贝一样看待,书不离身。杜林把这本书拿给卫宏、徐巡看,还说:"我十分害怕这本书被人毁灭,让这门学问绝迹。古文经书现在虽不受重视,但是我希望你们能对自己之所学要加倍珍惜。"由于卫宏等人的重视,古文经学才得以流传下来。

二、入则孝，出则悌

fù mǔ hū　　yīng wù huǎn
父母呼，应勿缓；
fù mǔ mìng　　xíng wù lǎn
父母命，行勿懒。

【注释】

父母呼，应勿缓：《礼记·玉藻》："父母呼，唯而不诺，手执业则投之，食在口则吐之，走而不趋。"呼：叫。勿：不要。

懒：偷懒。

【释文】

父母叫你，应该及时答应，不要拖延；父母要求你做的事，要认真去做，不要拖拉偷懒。

【故事】

孝心感天

王祥是晋朝人，为人十分孝顺。王祥少年丧母，继母常在王祥的父亲面前说王祥的坏话，因此，父亲不再宠爱他，并让他天天干重活。

但是王祥对自己的继母却毫无怨言，相反侍奉得更加周到细致。

父母有病时,他彻夜在旁亲自伺候。

有一年的冬天,寒风刺骨,继母突然想吃生鱼,王祥就不顾天寒地冻,准备下水捕鱼。结果冰层自动破开,跳出两条鲤鱼。

又有一次,他的继母想吃烤熟的黄雀,王祥便捉了一只,亲自烤熟,送给继母吃。继母吃完之后却还想吃,这时竟有几十只黄雀误入他的圈套。对此,邻居十分震惊,认为是王祥的孝心感动上天的缘故。汉末,天下大乱。王祥带着继母、幼弟逃难,在庐江隐居长达三十年。

州、郡几次让他出任官职,他却以侍奉老母为由加以拒绝。继母去世后,他更是痛不欲生。王祥孝顺的方式虽然有些太过,但其精神可嘉,让人钦佩。

孟宗泣竹

相传,古时候楚国有一个叫孟宗的孝子,对母亲照顾得十分周到。一年冬天,孟母连续几天没有胃口,身体日渐消瘦。孟宗急坏了,要去请医生。

孟母对儿子说:"我没有病,其实我想吃竹笋了。"孟宗听后,马上跑到屋后的竹园,四处挖掘,希望能找到竹笋。可是在冬天,哪里有竹笋呢? 孟宗急得大哭起来。

这一哭,奇迹出现了,地上冒出了竹笋。原来,孟宗的孝心感动了上天,天帝很佩服他,满足了他的要求。这个故事虽然具有神话色彩,却表明了孟宗的一片行孝之心。

$$fù\ mǔ\ jiào \quad xū\ jìng\ tīng$$

父母教，须敬听；

$$fù\ mǔ\ zé \quad xū\ shùnchéng$$

父母责，须顺承。

【注释】

教：教导。

责：斥责。

【释文】

父母的教导，必须恭恭敬敬地听从；父母的斥责是有道理的，应该虚心地接受。

【故事】

闵子骞谏父

闵子骞，春秋时人。其母早逝，父亲因不堪家务重担，又娶了一位妻子。闵子骞自幼缺乏母爱，有了后娘，自然倍感高兴，但是后娘却不喜欢他。

后娘生了两个儿子以后，对他更是刻薄。闵子骞渐渐懂事，知道后娘有私心，但他并不嫉恨。

闵子骞的父亲极少过问家事。闵子骞却忍辱负重，凡事讲究孝悌。弟弟年龄尚小还不懂世事。唯独后娘，心地不纯，使这个小家庭暗藏危机。后来，父亲发现闵子骞的棉衣为芦花所做，极为恼怒，并打算休掉后娘。

闵子骞说："后娘毕竟也是娘啊！"又说："后娘只让我自己受冻，

并不让弟弟也受冻啊！爹爹要为弟弟着想啊！"这时，闵子骞的两个弟弟也来跪求父亲。闵子骞父亲看着三个孝顺的儿子，他又把妻子叫来，告诫她要宽厚仁慈，一视同仁。她羞愧难当，点头应允。

闵子骞的孝心与孝行令后娘极为感动。从此以后，她完全改变了态度，这样一家人才真正地和睦起来。

dōng zé wēn　　xià zé qìng
冬 则 温 ， 夏 则 清 ；
chén zé xǐng　　hūn zé dìng
晨 则 省 ， 昏 则 定 。

【注释】

省：向父母请安。

定：使……安定。

【释文】

子女应该孝敬父母，冬天要让他们穿暖和，夏天应该让他们尽享清凉；早晨要到父母跟前恭恭敬敬地请安，晚上应该替他们铺好床铺。

【故事】

黄香温席

相传东汉时期有一个叫黄香的孩子，因母亲早逝，和父亲相依为命。黄香虽然很小，却知道要孝敬父亲。

夏天天气热，每天晚上他都先给父亲扇凉枕席，以便父亲安歇；

冬天天气寒冷,他每天晚上都要先上床,用自己的体温把被褥焐热,再让父亲上床睡觉。

黄香小小的年纪,就有这样的孝心,也使他在做人、求学上有所成就。后来他当了官,成为以孝闻名、以孝施政的榜样。黄香的事迹被历代传颂,成为著名的"二十四孝"之一。

chū bì gào　　fǎn bì miàn
出 必 告， 反 必 面；
jū yǒu cháng　　yè wú biàn
居 有 常， 业 无 变。

【注释】

出：出门。

反：通"返",返回,归来。

面：用作动词,问候。

【释文】

出门的时候不要忘记告诉父母,回来不要忘记通报一声,免得父母担心不安;居住的地方一定要安稳,工作也不能随意变动,以免父母担忧。

【故事】

神童陆绩

三国时期,吴国的陆绩非常孝顺,孝名广传天下。陆绩是个聪慧的孩子,酷爱读书,见识广博,以"神童"著称。

6岁时，陆绩便在九江拜见大名鼎鼎的袁术。他对袁术的问题都能对答如流，不亢不卑。

袁术对陆绩的学识深为赏识，就破例赐坐，还赐以柑橘。陆绩吃过一个后，想到母亲不能吃到，很是遗憾，于是就悄悄往怀中塞了三个，准备带回去孝敬母亲。

不料，当陆绩拜辞袁术弯腰作揖时，柑橘却自怀中掉出。袁术很是震惊，而陆绩却并没有感到尴尬，神色自若地说，怀揣柑橘是为了带回去孝敬母亲。

这样的应答，让袁术对他更加赏识，以为陆绩不仅才学高绝，而且品行超拔。他的孝道也被广为传颂。

shì suī xiǎo   wù shàn wéi
事 虽 小 ， 勿 擅 为 ，
gǒu shàn wéi   zǐ dào kuī
苟 擅 为 ， 子 道 亏 。

【注释】

苟：如果。

子道：做儿子之礼义。

【释文】

事情无论多么微小，都不可擅作主张，如果任性而为，有失子女本分。

【故事】

周处的改变

西晋时期，有个叫周处的人。他的臂力很大，但他不讲道德，肆妄枉为，乡邻将他看成一大害。

有一天他醒悟了，发誓要悔过自新。他对乡里管事的老人说："今年风调雨顺，你为何愁容满面而不快乐呢？"

老人感叹说："三害还没除，怎么能快乐呢？"

周处问："哪三害？"

老人回答说："南山的白额猛虎；长桥下的巨蟒，再加上你就是三害了！"

于是，周处就独自进入了深山老林，射死了白额猛虎；然后，又来到长桥，杀死了巨蟒。

人们奔走相告，庆贺不已。周处返回乡里，看到了乡人相互庆贺，最后才明白乡人是在庆贺自己与巨蟒同归于尽。周处才知道自己以前是多么令人厌恶！

周处心中不安，于是登门拜访陆机、陆云兄弟。陆云对他说："古时候的人贵在能说到做到，早晨学到了一些道理，当天晚上便能改过自新。你还年轻，还很有前途。"

周处听了陆云的话,很受激励。于是他勤奋好学,变成了一个有修养的人,他也因此声名显扬。

刘备教子

三国的时候,刘备临死时,对儿子刘禅不放心,除了把他托付给丞相诸葛亮,还给他写了一封信来教育他。

信中说:"勿以恶小而为之,勿以善小而不为。唯贤唯德,能服于人。"

这是讲,不要认为这是一件微小的坏事,就可以胡作非为,也不安以为这是一件小的好事就不去做。只有品德良好才能让人信服。

后来,刘禅在诸葛亮的辅佐下,在治理蜀国时还没有大的失误。诸葛亮死后,刘禅开始宠信宦官,逐渐放纵自己,最终导致蜀国被曹魏灭掉,刘禅也成了俘虏。

wù suī xiǎo　　wù sī cáng
物虽小，勿私藏，
gǒu sī cáng　　qīn xīn shāng
苟私藏，亲心伤。

【注释】

藏：隐藏。
亲：父母。
伤：伤心。

【释文】

东西尽管很小,也不要据为己有;假如私自藏起来,就会使父母很伤心。

【故事】

恪尽孝道

古时候有一个孝子,叫老道子,他的故事广为流传。

老道子一生没有出任官职,家境困顿。他与妻子勤劳地耕作,维持生计。当时诸侯争锋,世道混乱。为让父母免遭兵荒马乱之苦,他便带领一家人逃到蒙山一带定居,开荒种地,自食其力。家里缺吃少穿,他便出山打柴挑到附近集市去卖,换回柴米油盐,供养父母。

老道子还做到大小事必告知于父母,大小物必展示于父母,自己和父母间无私心杂念,没有感情隔膜。

不管生活如何,老道子一如既往恪尽孝道,按既往的原则孝顺父母。

老道子说:"人生在世,不应奢求太多。鸟兽身上掉下了毛羽足够我穿;鸟兽觅食后丢下的粮粒足够我吃。还有什么是不可以满足的呢?"

qīn suǒ hào　　　lì wèi jù
亲所好, 力为具;
qīn suǒ wù　　　jǐn wèi qù
亲所恶, 谨为去。

【注释】

具:准备,置办。

谨:谨慎。

【释文】

父母双亲喜欢的东西，要尽力为他们准备妥当；而父母双亲厌恶的东西，就要小心谨慎地为他们去掉。

【故事】

郯子的孝道

春秋时期，在位于今天山东半岛的地方有一个郯国。郯国国君的儿子郯子自小便孝名远扬。

由于父母年迈，而且都患眼疾，郯子便承袭了国君大位。郯子当国君后第一件事便是想方设法治疗父母的眼疾。大夫说这种病症治疗的最好办法是饮用鹿乳，并用鹿乳洗眼。

但鹿乳难得，郯子便亲自带了几个侍从，整日钻深山，希望能找到鹿群。可是鹿天性机敏，不等他们靠近，早跑得不见踪迹。

郯子等人望鹿兴叹，却也无可奈何。郯子因此寝食难安，苦思冥想得到鹿乳的方法。

忽然，他突发奇想：为何不能把自己化装成一只鹿去接近鹿群？于是，郯子便找来了一张鹿皮，将自己化装成了一只鹿的模样。

这一天，郯子早早进入山林，等待鹿群出现，他趴在地上，忽然发现一支箭正瞄着自己。

他赶紧站起来，大喊："别射，我是人！"然后述说了原委。猎人方才明白，自己面前的人竟是国君。郯子的孝心孝行令猎人极为感动，他告诉郯子自己家中有一头母鹿。

回到家中，郯子就用鹿乳给父母洗眼睛。几天以后，他父母的眼疾便痊愈了。

郯子几次登门向猎人表示谢意,猎人老诚厚道,只说:"不用谢了,你只要把郯国治理好,百姓永享安康就行了。"此后,郯子谨记猎人的话,精心治理国家,勤政爱民,提倡孝道,使小小的郯国盛极一时。

shēn yǒu shāng   yí qīn yōu
身 有 伤, 贻 亲 忧;
dé yǒu shāng   yí qīn xiū
德 有 伤, 贻 亲 羞。

【注释】

身有伤:《孝经》,"身体发肤受之父母,不敢毁伤,孝之始也。立身行道,扬名于后世,以显父母,孝之终也。"

贻:留给。

【释文】

要爱护自己的身体,并且严守道德,做一个健康而高尚的人。因为身体有了伤痛,就会让父母担心;道德败坏,就会让父母也跟着丢丑。

【故事】

朱寿昌除害

宋仁宗当政期间,出了一名孝子,名叫朱寿昌。他的父亲朱巽是军人出身。

父亲离世后,他便继承父亲遗志,步入仕途。他任知州时,州境内水盗蜂起，肆意杀人越货。

朱寿昌到任后，便将所有船只统一编号，并刻上船主的姓名，使他们能相互监督，发现水盗行凶，就百舸齐发，合力讨之。经过这种办法，当地水盗大大减少。

后来，他又被调到四川阆州做知州。阆州有个土豪雍子良，无恶不作。朱寿昌当阆州知州后，雍子良又行凶杀人。官府追查下来，雍子良玩弄手段，用十万银钱买通了一个老农作伪证。朱寿昌明察暗访，明白了真情，便当着老农的面，揭穿了雍子良的阴谋诡计。

老农幡然悔悟，便把雍子良的恶行及阴谋全盘托出。铁证如山，雍子良也只能伏法。朱寿昌为民除去了一大公害，受到人们的热烈颂扬。

董卓的恶行

董卓是东汉末年的军阀，他带领军队来到京城，废掉了皇帝刘辨，另立刘协为傀儡皇帝，并从此独揽朝政。

董卓专权期间，对朝廷中的大臣肆意杀戮，对天下的百姓任意欺凌。结果，他的暴行引起了人们的愤怒。朝臣王允等人联合起来，利用美人计一举将他除掉。

董卓死后,他的家属也因此受到株连,当时他的母亲已经九十多岁了,也被依法处死。

董卓的恶行不仅使其家庭受到牵连,连年迈的老母也难逃一死,实在是可悲啊!

qīn ài wǒ　　xiào hé nán

亲爱我,孝何难?

qīn è wǒ　　xiào fāng xián

亲恶我,孝方贤。

【注释】

孝:孝顺。

方:才。

贤:可贵。

【释文】

如果父母双亲喜爱我,我要做到孝顺是不难的;而当父母双亲不喜爱我时,我更要孝顺父母,这是最可贵的。

【故事】

虞舜的大度

虞舜幼年丧母,父亲又双目失明,因此缺少了父爱和母爱。

后来,盲父亲又娶了一个妻子。后娘长相丑陋,脾气暴躁、凶狠。一年后,她生了一个儿子叫象。盲父亲偏心,疼爱后妻和幼子,对待虞舜却不冷不热。

虞舜转眼二十岁了,成了声名远扬的一位大孝子。又过了十年,唐尧帝准备退位让贤,大家一致推荐虞舜。于是,尧帝就让自己的儿子与舜交往,以观察他的处世能力;又把两个女儿嫁与他,以观察他的治家本领。

父母和弟弟看到舜有财产又有美妻,非常嫉恨。象就鼓动父母除去舜,想把其所有据为己有。

有一天,父母叫舜去淘井,然而,等舜下到井中,父母弟弟却奋力向井中填土,然后准备分割他的财产。

就在象得意忘形的时候,舜却突然站在了象的面前,这让象大为吃惊,尴尬到了极点。而舜却一点没有生气,他大度地对象说:

"很好,既然这样,你以后就可以同我共同治理天下了。"象听了哥哥的话,无地自容,夺门而走。

原来,舜事先在井中挖了一个大洞。妻子见丈夫好好地活着归来,也是悲喜交加。

尧帝经过一段时间的考察,认为舜确实治民有为,于是放心地让位于虞舜,让他治理天下万民。

qīn yǒu guò   jiàn shǐ gēng
亲有过，谏使更，
yí wú sè   róu wú shēng
怡吾色，柔吾声。

【注释】

亲有过，谏使更：《礼记·内则》"子之事亲也，三谏而不听，则号泣而随之。""父母有过，下气怡色柔声以谏。谏若不入，起敬起孝，说（通"悦"）则复谏。……父母怒不说，而挞之流血，不敢疾怒，起敬起孝。"

怡：使动用法，使快乐。

柔：使动用法，使轻柔。

【释文】

父母双亲有过错时，应当劝说他们，使他们改正；但是劝说时要讲究方法，态度要耐心细致，和颜悦色，轻声细语。

【故事】

白起与儿子

民国时期，有一位富家子弟，名字叫做白起。这人从小娇生惯养，交了一帮狐朋狗友，成为当地一大公害。其父对其咬牙切齿，然而也无可奈何。

后来，白起成家娶妻。他的妻子天生聪颖贤惠。有一次她劝导丈夫不要行恶，不料，白起却对她拳脚相加。自此妻子便不敢再提及此事。

白起的儿子名叫白景，生得十分可爱。白景慢慢长大，也懂事了，他意识到了父亲的不轨。由于受到母亲的教导，白景聪明善良，他深以父亲的行为为耻。

这天吃晚饭时，父亲满面笑容，心情甚佳。白景见这是个好时机，就语带稚气地对父亲说："爸爸，我以后要做爸爸这样的人，真威风，爸爸你说好吗？"这话一出，让白起大吃一惊，想到这样一个可爱的儿子要做和自己一样的浪荡子弟，这实在可怕！从此，白起便改过自新，一家人过起了幸福生活。

jiàn bú rù　　yuè fù jiàn
谏不入，悦复谏，
háo qì suí　　tà wú yuàn
号泣随，挞无怨。

【注释】

挞：用鞭子、棍子等打人。

怨：报怨。

【释文】

如果父母对你的劝说听不进去，那就要等他们高兴时再去劝；就算是哭着苦苦地哀求，甚至挨打也不要怨恨。

【故事】

刘博的转变

以前,有一个人叫刘博,好赌成性。妻子梁氏,育有两个儿子。

儿子们渐渐长大,对父亲的言行也看不惯。但他们对父亲的劝阻毫无作用。

有一次,刘博想把家中唯一的财产——一头大母猪卖了充当赌资。妻子苦口婆心劝他不要这样,刘博却不听,执意要卖掉。在旁的两个儿子实在看不下去,就跪倒在地,苦苦哀求。

谁料,刘博却是铁石心肠,最后还是把猪拽出了家门。一夜间,老母猪换来的钱输了个精光。

后来,政府严厉抓赌。刘博被列为劳改的对象,直到这时刘博才有所醒悟。在狱期间,两个儿子常来探狱,刘博在痛苦的监狱生活中感受到了浓浓亲情的暖意,从此决心改掉恶习。

有时,两个儿子为了营生,长久外出,不能常去探狱。他们便写信给狱中的父亲,字里行间透露着对父亲的真情。

最后,刘博被提前释放。出狱后,他谨记儿子们的劝说,改掉了好赌的恶习。

qīn yǒu jí　yào xiāncháng

亲有疾，药先尝，

zhòu yè shì　bù lí chuáng

昼夜侍，不离床。

【注释】

亲有疾，药先尝：《礼记·典礼》"君有疾饮药，臣先尝之。亲有疾饮药，子先尝之。医不三世，不服其药。"

昼夜：日夜不停。

【释文】

父母有病，吃的药要自己先尝冷热苦甜。父母如果病倒在床，要侍候在旁，日夜不离左右。

【故事】

贤能仁孝的刘恒

公元前196年，刘恒才8岁，就受封为王，封地为代。按汉制，皇子一旦受封，就必须亲赴封地主持政务。刘恒只好择日登程赴任，其母亲薄氏搂着儿子相泣而别。

公元前195年，刘邦去世，吕氏当权。不过，吕氏知道薄氏并不得宠，破例允许她到代地与儿子团聚。

刘恒对母亲感情甚笃，力行孝道。忽然有一天，薄氏患病，而且病情严重，茶饭不进。

刘恒可急坏了。他派人找来最好的医生，又购买了名贵药材，给母亲治病。

薄氏一病三年，卧床不起。刘恒也整整精心侍奉了三载，并在此期间寝食难安。

三年后，薄氏终于病愈，但刘恒自己却由于日夜操劳，病倒了。后来，刘恒很快康复，母子又过上了平静而幸福的生活。不久后，京城里汉惠帝刘盈病死，继而吕后猝死，大臣周勃等派人迎接刘恒登基为帝，理由是刘恒贤能仁孝，名扬四海。刘恒登基后，第一件事便是派人接母亲薄氏回京，尊为皇太后。

sàng sān nián
丧三年，

cháng bēi yān
常悲咽，

jū chù biàn
居处变，

jiǔ ròu jué
酒肉绝。

【注释】

丧三年：《礼记·曾子问》"曾子问曰：'三年之丧吊乎？'子曰：'三年之丧练，不群立，不旅行，君子礼以饰情。三年之丧而吊哭，不亦虚乎？'"

居处变：指改变生活起居。

【释文】

父母双亲去世后，应该守丧三年，要时时思忆父母，并因他们的仙逝而常伤悲哭泣。在这三年中，要改变生活起居，一切尽量从简，禁食酒肉。

【故事】

卖身葬父

有个大孝子董永,东汉千乘(今山东高青一带)人。他幼时丧母,随父避战乱,流落汝南。董永没有享受过母爱,视父如母,知晓孝顺父亲。

春去秋来,董永长大成人。他体谅父亲一生尝尽苦难,便不让父亲干重活,自己忙里忙外。

但老人也有自己的心思,他老想着给儿子娶个媳妇,盼望着早日抱上孙子。

谁知人有旦夕祸福,正当老人为儿子张罗婚事的时候,却突然病倒了。董永心急如焚,到处寻医问药,可父亲的病不仅不见好转,反而愈重。

父亲拉着董永的手,气喘吁吁地说:

"儿呀,家里的积蓄是为你娶亲的,我一个老朽,随他去吧,不要再费银子了!"

董永听了,泪流满面地说:

"不,我不要娶亲也要爹爹。"

后来,父亲的疾病不见好转,最后带着满心的遗憾溘然长逝。但艰难的事还在后面:由于长期治病花费很大,家中已一贫如洗,董永连安葬父亲的钱也没有了。无路可走,他决定卖身葬父。

他自己写了一张卖身契,来到集市上,寻找买主。

最后一个富翁见他诚实可靠,就决定用一万文钱买下他,并约定董永可为父守丧三年,然后去富翁家作奴仆。

董永得到了卖身的钱,认认真真地为父亲办了丧礼,然后在父亲墓旁搭了一个草棚,心存虔诚,为父守孝。三年孝满,董永履行卖身契。

董永卖身葬父的美德感动了美丽善良的七仙女。这便是后来《天仙配》故事的由来。

sàng jìn lǐ　　jì jìn chéng

丧尽礼，祭尽诚，

shì sǐ zhě　　rú shì shēng

事死者，如事生。

【注释】

丧尽礼，祭尽诚：《论语·为政》"生，事之以礼；死，葬之以礼，祭之以礼。"

事：为……服务。

【释文】

办理父母的丧事，应该注重礼节，祭祀先人要心真意诚；对待故去的双亲，要如同他们活着的时候一样。

【故事】

闻雷泣墓

西晋初年，有一位大孝子王裒，他以闻雷泣墓而名闻乡里。

王裒从小就懂得尊重和孝敬父母。其父亲高风亮节，却无辜被害。小王裒在母亲的精心呵护下，很快长大成人。王裒长得高大魁梧，而且见识广博。后来，王裒隐居山林，以教书为生。朝廷知道他博学多才，几次欲聘他担任官职，他都一一拒绝。他在父亲墓旁盖了一间草房,恭敬守孝。

父亲死后,王哀把全部的爱心和孝心都给了母亲。他亲自照顾母亲饮食起居,陪老人说话逗乐子,以解除老人丧夫后的孤寂。

几年之后,母亲久病不愈,驾鹤西去。王哀悲伤至极,行孝子之礼,将母亲与父亲合葬。

王哀立身处世,把孝道看得至高无上。后来,晋朝朝廷内发生内讧,殃及百姓。王哀的亲属都准

备东迁避难,只有王哀留恋父母的安息之地,无论怎么劝说都不愿意离去,终于死于战乱中。后人赞赏他的孝心,将他的事迹,广传天下,听者无不感动。

xiōng dào yǒu　　　dì dào gōng
兄道友， 弟道恭，
xiōng dì mù　　　xiào zài zhōng
兄弟睦， 孝在中。

【注释】

兄道友，弟道恭：《礼记·祭礼》"一出言而不敢忘父母，是故恶言不出于口，忿言不反于身，不辱其身，不羞其亲，可谓孝矣。"

睦：和睦团结。

【释文】

作为兄长，应该友爱、呵护弟弟，作为弟弟要懂得尊重兄长。兄弟和睦团结，这中间含着孝道的意味，因为这可使父母省心。

【故事】

元成让位

汉代时有一位大儒，名字叫韦贤，他以爱兄长著称，他的儿子们也都具有尊兄爱弟的好品质。

韦贤博学多能，被封为扶阳侯。他有四个儿子，长子叫万山，次子叫宏，三儿子叫舜，小儿子叫元成。元成任大河都尉的官职。韦宏担任太常丞，主管宗名祭祀，不仅事务重，而且容易获罪。韦贤打算让次子韦宏作自己的继承人。

但韦宏天性以谦让为德，不肯离开太常丞的职位。待到韦贤病重，韦宏获罪被捕入狱。家人假借韦贤的名义，上书朝廷，说让元成继承职位。

后来，韦元成知道原委，不愿接受，于是，他便装疯。父亲的丧事完毕，按说元成应继承父亲的爵位，但是他以病狂为由，拒绝接受。朝廷百官都怀疑元成的所作所为是有意将爵位让给哥哥。这时，有人便上书朝廷，进行弹劾。

事隔不久，皇帝下达诏书，不准弹劾元成，并且亲自召见他。元成无可奈何，只得遵从君命，袭承了父亲的爵位。

cái wù qīng   yuàn hé shēng
财物轻，怨何生？
yán yǔ rěn   fèn zì mǐn
言语忍，忿自泯。

【注释】

怨：结怨。

泯：尽，消失。

【释文】

为人处世，不贪婪图财，就不会立仇结怨。言语相互忍让，嫉恨就会自然而然地消除掉。

【故事】

重义轻财

卜式是西汉时期著名的贤士,他对自己的弟弟很好,照顾得很周到。

父母去世后,兄弟俩人分家,卜式把家中的财产都让给了弟弟,自己只要了一百多头羊。

十几年过去了,卜式的羊群繁殖到上千头,他买了房屋,置办了土地。而这时弟弟因经营不善而破产,卜式于是把自己的财产分了一半给弟弟。

卜式不仅不贪图财物,而且为了照顾弟弟,还把自己的财产让给弟弟,这一行为感动了当时的人,大家都说他是个重亲情、不爱财的君子。

huò yǐn shí   huò zuò zǒu
或饮食,或坐走,
zhǎng zhě xiān   yòu zhě hòu
长者先,幼者后。

【释文】

对待长辈要懂得礼貌,吃饭时要让长辈先动筷。落座时,要让长辈先入座,而走路时也要让长辈在前,晚辈在后。

【故事】

同文的尊长之风

宋代的时候,有一人名叫戚同文。这人崇尚信义,无意为官,而且学识广博,颇有名气。

自从父亲去世后,戚同文便同母亲相依为命。

小同文年纪不大,就懂得刻苦用功了。他听说同乡人杨悫见识渊博,就每天从杨悫的学舍经过。杨悫为学生讲课时,他也从旁学到很多的知识。杨悫知道后,很是惊讶,便把他收留进了自己的学舍,并且免除他的学费。不到一年的功夫,他学业精进,得到杨悫的赏识,杨悫更把女儿嫁给他为妻。

当时天下战争不断,因而戚同文内心并不想出任官职。有一次,杨悫问戚同文想不想当官,戚同文回答:"老师不去,我也不去。我随长者",其尊长之风由此可见。

信陵君敬老

信陵君是战国时期的四公子之一,魏国国君的弟弟。虽然他的势力很大,有门客上千人,信陵君却是个敬老爱贤的人。

有一次,他听说有一个看城门的老人侯赢有贤德,就十分郑重地前去请教。

他亲自驾着车,把车上尊贵的位子空出来留给侯赢。侯赢也知道信陵君的名声,要看看他敬老爱贤是不是真的,所以信陵君去接他的时候,他故意装出傲慢的样子,但越是这样,信陵君对他越加恭敬。

侯赢见状,知道信陵君的敬老是真心的,于是痛快地做了他的门客。

zhǎng hū rén　　jí dài jiào

长呼人，即代叫，

rén bú zài　　jǐ jí dào

人不在，已即到。

【注释】

长：长辈。

代叫：代为呼唤。

即：立即。

【释文】

如果有长辈叫人时，你也听到了，就应该帮他呼叫；如果被叫的人不在，你应该立即到长辈面前做他吩咐的事情。

【故事】

世期行善

宋朝时，有一位名士，叫严世期。他家道殷实，并且兼性好善，常做一些善行，周济乡里。严世期的同乡张迈等，都家徒四壁，生活艰辛，处在一种吃了上顿没下顿的窘境中。

这年正值灾荒，庄稼颗粒无收。真是屋漏偏逢连夜雨，其困境可想而知。他们生了孩子，也无力养活。严世期知道了这些事，便主动登门，送给他们衣物和粮食，这让张迈等人十分感激。严世期对张迈等人的帮助二十年如一日，从不生厌，诚心之至。而且二位老人死的时候，严世期都按礼节为他们举行了葬礼。这种精神世间少有，难能可贵。

杜环代人养母

杜环是明朝的一名官员,他的父亲有位朋友去世了,剩下老母亲无人照顾,而这位老母亲的小儿子也不知下落。这位母亲去找自己的亲戚,结果谁也不愿照顾她。万般无奈,这位母亲只好到处寻找自己的儿子。杜环得知此事,决定先赡养这位老妇人,并代老妇人寻找她儿子的下落。

后来,这位母亲的儿子虽然找到了,但他匆匆见了母亲一面,就找借口离开,再也没有露面。而杜环则一直赡养着这位老妇人,对她很孝敬,就像对自己的母亲一样。

chēng zūn zhǎng   wù hū míng
称 尊 长 ， 勿 呼 名 ，
duì zūn zhǎng   wù xiàn néng
对 尊 长 ， 勿 见 能 。

【注释】

称：称呼。

勿：不可以。

【释文】

称呼长辈，要懂得礼节，不可直呼他们的名字；在长辈面前，要懂得谦虚谨慎，不要炫耀逞能。

【故事】

贤明的妻子

春秋时期,齐国的相国晏婴有位车夫。有一次车夫回家后,妻子表示坚决要离开他。车夫很吃惊,忙问为什么。

妻子说:"你看晏婴虽然身为相国,名扬天下,可是今天我见到晏婴坐在车上,样子安然,态度谦恭。再看你,相貌堂堂的男子汉,只是一个车夫,却摆出一副不可一世的样子,这是不知进退。相国都是那么谦恭,你又有什么值得炫耀的呢?难道只是因为给相国赶车吗?"听完妻子的批评,车夫很惭愧,从此变得谦虚了。

苦读终成大器

东汉时有一位大人物叫翟方进,字子威。他勤学苦读,当了丞相,并被封为高陵侯。

翟方进十二三岁的时候,父亲就离开了人世。后来,有一个机会让翟方进进了太守府做小吏,工作就是跑跑腿,递递文书什么的,报酬也不多,但是别人都认为他天性愚钝,几次都被椽吏谩骂和侮辱。

翟方进因此非常伤心,还产生了严重的自卑感。于是他便去了汝南找到了会看相的蔡文,让他看看自己适合干什么。

蔡文见了他以后甚为惊奇,对他说:"我看你将来有封侯拜相的命运。因此,你应当从学习研读经书开始。"经蔡文这么一说,翟方进心中别提多高兴了。翟方进从蔡文处归来后,便向母亲告辞,准备到京城陪读。翟方进来京后,开始努力攻读《春秋》,虚心向博学之士求教。经过十年苦读,他已精通经史,学识渊博。

不久,翟方进金榜题名,并一路高升,后来官至丞相,名动一时。

lù yù zhǎng   jí qū yī

路遇长，疾趋揖，

zhǎng wú yán   tuì gōng lì

长无言，退恭立。

【注释】

疾趋揖：趋，跑，疾走。揖，古时拱手礼。

【释文】

如果在路上遇见了长辈，应当迅速上前鞠躬行礼；长辈如果不开口说话，你要到旁边，恭敬地站立，以表示尊重。

【故事】

胡证的仗义

唐朝时有一个名字叫胡证的人,经常打抱不平,救助那些无辜的人。唐朝宰相裴度,早年出身贫寒,生活清苦。有一次,他在酒店饮酒消愁,不料,却被一帮恶少缠住,受尽侮辱。这时胡证恰好经过,便闯了进来,坐在了那帮恶少的上位,端起酒杯,连喝三杯,在座的客人无不大惊失色。

胡证将放铁灯的架子取了下来,如同摘树叶一般把他们撮合在了一起，横放在了自己的腿上，然后对所有的客人说道："今儿个，我出一个酒令，如果谁违反了就要按规矩喝干，如果谁敢不喝，我就用这东西敲碎他的脑袋！"众人听罢，都吓得脸色大变，却又不敢反抗。只见胡证端起酒罐，一口气喝了很多酒，无人能及他的海量。

于是，按规矩胡证准备用铁灯架子击打违约之人。那帮恶少见势不妙，便一个个跪倒在地，乞求胡证放他们离开。胡证乘机把他们轰出了酒店，替裴度解了围，这让裴度十分感动。众人弄清事情的原委后，也都称赞胡证的仗义之举。

qí xià mǎ　　chéng xià chē
骑下马，乘下车，
guò yóu dài　　bǎi bù yú
过犹待，百步余。

【注释】

骑：骑着马。

乘：乘着车。

【释文】

遇到长辈时，骑着马就要下马，坐着车就要下车；长辈走过去的时候，要在原地目送长辈走出百步后才可以离开。

【故事】

伯禽登堂则跪

西周初年，周公有个儿子，名叫伯禽。伯禽跟周公的弟弟康叔去见自己的父亲，但不知道为什么，周公二话不说，上前就把伯禽痛打了一顿。一连三次都是这样。

康叔吓坏了，和伯禽商量："你父亲见到你就揍，为什么会这样呢?我们赶紧找个明白人问问吧。这样下去可不是办法。"

于是，伯禽找到了当时非常有名的贤士商子，把情况告诉了他。

商子没有正面回答，而是对伯禽说："南山有一种树，叫做乔木;北山有一种树，叫做梓木。你到那里看一看这两种树木吧。"

伯禽听了商子的话，先跑到南山，只见乔木生得很高，树都是仰着的;然后又跑到北山，看见梓木长得很低，都是俯着的。伯禽回来后，连忙把所看到的情况告诉了商子。商子说："乔木仰起，就是做父亲的道理;梓木俯着，就是做儿子的道理。"

第二天，伯禽去见周公。一进门，他就很快地走上前去，在父亲面前跪了下来。周公亲切地抚摸着伯禽的头，称赞他受到了君子的教导。

zhǎng zhě lì　　yòu wù zuò
长者立，幼勿坐，

zhǎng zhě zuò　　mìng nǎi zuò
长者坐，命乃坐。

【注释】

长者立:《礼记·典礼》"见父之执（朋友），不谓之进不敢进，不谓之退不敢退，不问不敢对，此孝子之行也。"
命:命令。

【释文】

如果长辈站着，作为晚辈，就不应该坐下来;等到长辈坐下来，招呼你坐下，你方可坐下来。

【故事】

张良与《太公兵法》

　　张良是战国时期韩国人。一天，他正漫步在一座桥上时，恰逢一个老人将一只鞋子坠落在桥下。老人向张良说："年轻人，帮我把鞋捡起来。"张良为老人拾起了鞋子。老人又说："替我穿上！"张良想好事做到底，索性跪在了地上，给老人穿鞋子，极尽恭敬之礼。老人伸脚让张良把鞋子穿好，神秘地一笑，便走了，一个谢字也没说。

　　不料，老人走了一里开外，又折了回来，对张良说："年轻人，我看你是值得教诲的，五天之后的早晨，你还到这里来见我。"张良虽然奇怪，但也答应了。五天之后的早晨，张良到时老人早已等在那里了。老人见了张良，很不高兴，说："五天后的早上你再来吧！"说完扭头就走。五天后，鸡刚一啼鸣，张良就起身去了，不料老人又先到了。

　　老人怒道："又迟到了，五天以后的早晨来早点。"又是五天后，张良半夜便去桥边等候，没过多久，老人就来了。这次老人面露微笑，从怀中拿出了一卷竹简，交给了张良，说："读通了这本书，你就可以作帝王的老师了。"

　　张良回家后，发现此书为《太公兵法》，于是刻苦攻读，后来跟随刘邦打了很多胜仗。

zūn zhǎng qián　shēng yào dī
尊长前，声要低，

dī bù wén　　què fēi yí
低不闻，却非宜。

【注释】

声：指说话声。

闻：听到。

【释文】

和长辈交谈的时候，说话的声音应尽量放低；然而如果低得让人听不到，也是不合适的。

【故事】

避席求学

陈祎是隋末唐初洛州人。一次，他和几个哥哥一起听父亲讲授《孝经》第一章，父亲给他们讲了这样一个故事。

曾子是孔子的弟子。一天，他坐在孔子身边，孔子问他："以前的圣贤都用至高无上的德行和精妙的理论，来教导天下之人。人们从此就能和睦相处，君臣之间不会产生不满。你知道它们是什么吗？"

曾子听了，知道老师是要指点他最深刻的道理，于是从席子上站起来，走到席子外面，恭敬地回答："我还不够聪明，哪里能知道这些深奥的道理呢？请老师把这些道理传授于我吧。"

说完这个故事，陈祎的父亲继续说道："因为当时还没有椅子，人们都坐在席子上。当曾子听到老师要向自己传授知识时，他站起来走到席子外向老师请教，是对老师的尊重。这个道理你们明白了吗？"

陈祎的几个哥哥都坐着大声回答："明白了。"只有陈祎站起来，毕恭毕敬地回答："明白了。"

知书识礼的陈祎长大后当了和尚，法号为玄奘，即唐僧。后来，他远赴印度，把佛教经典带回中国，还写成了著作《大唐西域记》，为中印文化交流作出了卓越的贡献。

jìn bì qū   tuì bì chí
进必趋，退必迟；
wèn qǐ duì   shì wù yí
问起对，视勿移。

【注释】

趋：快步向前。

视：视线。

【释文】

要见长辈时，应当快步向前，而告退的时候应当放慢步伐；长辈问你话的时候，应当起身后再回答，眼睛要望着对方，不可左顾右盼。

【故事】

诚心所至

唐朝时，有位名人，名叫裴度。他先是任山南西道节度使，后因战功政绩都很卓著，被召入宫中，出任宰相的要职，主持政务。

裴度入宫主持政事的时候,皇上还年幼无知,骄横任性。由于儿童天性,皇帝很少过问政事,也懒得见大臣议事。

裴度感觉这样长此以往,必出大事,他便去觐见皇上,真切地对皇上说:

"天下的人都知晓皇上处理朝政很是勤奋用心。可是两月以来,陛下召见大臣的次数日见减少。因此有人担心将会有更多的公事被耽搁了。我希望皇上能趁着天气凉爽多上几次朝。臣殷切盼望陛下能够采纳。"

裴度言语真诚,说完后又恭敬地退出宫去,留时间让皇上思考。皇上见裴度如此心诚有礼,自己心中很是惭愧,便决定改过前非。

shì zhū fù rú shì fù
事诸父, 如事父;
shì zhū xiōng rú shì xiōng
事诸兄, 如事兄。

【注释】

事诸父:《孟子·梁惠王上》"老吾老以及人之老,幼吾幼以及人之幼,天下可运于掌。"

诸兄:泛指兄长辈的人。

【释文】

对待自己的叔叔伯伯，应当像对待自己亲生父亲一样。对待兄长辈的亲朋好友，要像对待自己的亲兄弟一样。

【故事】

常林的勇敢

东汉末年，董卓专权，叛逆无道。太守王匡起兵讨伐董卓，他派遣郡内生员暗中在他管辖的县中监视百官和百姓的行动，一旦发现有罪的人便立即逮捕入狱，并用酷刑逼迫他们交上粮食、钱财。

常林的叔父暗遭生员的检举，王匡听说后很是恼火，下令立即逮捕治罪。常林叔父的全家人都十分恐慌。

然而，常林却非常勇敢。他亲自去拜见王匡的同乡胡毋彪，说："王太守能文能武，一身的高超才能，来治理咱们这个郡是再好不过的了。眼下，皇上年纪尚幼，奸臣雄将割据一方。如果王太守是真心想灭奸除恶，辅助汉室复兴，那么才有人肯拥护他。这样，他才能平息战乱，统一江山。"接着常林又叙说了自己想救叔父的意思。胡毋彪听了常林的一番话，心中特别感动。于是胡毋彪便给王匡写了一封长信，批评了他的一些错误做法。王匡读罢信后，很受启发，便释放了常林的叔叔。

三、谨 而 信

zhāo qǐ zǎo　　yè mián chí
朝起早，夜眠迟，

lǎo yì zhì　　xī cǐ shí
老易至，惜此时。

【注释】

朝：早上。

迟：晚。

至：到。

【释文】

早上要早起，晚上要晚睡；时间过得很快，转眼就老了，要懂得珍惜年轻时的好时光。

【故事】

匡衡的好学精神

匡衡，字稚圭，是西汉时期有名的经学家。匡衡小的时候就爱好读书，夜以继日，学而不倦。小匡衡家境贫寒，买不起蜡烛，但是他并没有因此气馁而放弃夜间学习的机会。

他打穿了自家和邻家之间的墙壁,把邻家的烛光引入了自家,不偷其烛,却偷其光。于是小匡衡便能借着引来的烛光夜读了。

小匡衡的同乡中有个大户人家,名字叫文不识。文不识家境富足,藏书无数,小匡衡就去给他家干活,却不求报酬。文不识对此很奇怪,问匡衡为什么干活却不求报酬。

匡衡说:"只愿能读遍主人家的藏书。"主人感叹小匡衡的好学精神,就答应了他的请求。匡衡得到允诺,一有闲暇便用心攻读,后来终于成了一个大学问家。

温公警枕

司马光是宋朝著名的政治家和文学家,死后被追封为温公,所以后来人们又叫他司马温公。他从小聪明过人,被誉为神童,但他并不骄傲,学习十分勤奋。

为了每天能早起读书,他让人用圆木做了一个枕头。用这个枕头睡觉,很不舒服,头只要一转就会滑下来,这样司马光就会惊醒,起来读书。

后来,这个枕头就被称为"警枕"。司马光如此勤奋好学,从而使得他学识渊博,事业上取得了很大的成就。"温公警枕"的故事也成为后人学习的榜样。

chén bì guàn　　jiān shù kǒu
晨必盥, 兼漱口,

biàn niào huí　　zhé jìng shǒu
便尿回, 辄净手。

【注释】

盥:洗手洗脸。

辄:就。

【释文】

早晨起来一定要洗手洗脸,并且要漱口;去厕所回来,一定要洗手。

guān bì zhèng　　niǔ bì jié
冠必正, 纽必结,

wà yǔ lǚ　　jù jǐn qiè
袜与履, 俱紧切。

【注释】

冠:帽子。

纽:纽扣。

【释文】

　　帽子应当戴正，纽扣应当扣好；袜子和鞋子也要穿得服帖。

【故事】

看人取样

　　明朝嘉靖年间，北京城里有一个裁缝，他善于根据穿衣人的性格、年龄、相貌，以及身材，来取长定样。

　　一次，有一位御吏大夫要赶制一件进官穿的朝服。于是御吏便把这位裁缝请到了家中。

　　这位裁缝手脚麻利地为他量好了身腰尺寸，接着很有礼貌地问御吏："你出任官职有多少年了？"

　　御吏很不解，反问道："你把衣服做好就行了，还问这个干什么？"

　　裁缝耐心地解释说："大人如果年轻而任高职，一定性格高傲，走起路来就会挺胸凸肚，裁制衣服的时候就要前长而后短；如果做官已近半百，意气就会变得比较平和，衣服就要做得前后一般长；如果做官太久，已有隐退之意，那么大都会意气消沉，走起路来难免会弯腰曲背，衣服应当做得前短而后长。所以我如果不弄明白这些问题，怎么能够做出让顾客称心合体的衣服呢？"

结缨而死

孔子的学生子路虽然性情粗鲁,但很率真、直爽,同时也是一个非常讲究仪表的人。这一年,卫国发生内乱,正在国外的子路听说以后,急忙往回返。

有人劝他:"现在国中十分危险,去了很可能遭受灾祸。"

子路说:"拿了国家的俸禄,就不能躲避祸难。"子路进城以后,想帮助国君平叛,结果因寡不敌众,被敌人的武士击中,帽子上的缨带也被割断了。

子路知道自己难逃一死,立即停止搏斗,说:"君子虽死,但不能让帽子脱落而失礼。"于是从容地系好帽带子而死。

zhì guān fú   yǒu dìng wèi
置冠服，有定位，

wù luàn dùn   zhì wū huì
勿乱顿，致污秽。

【释文】

放置帽子和衣服,应当有固定的地方;不可到处乱丢乱放,以免弄乱弄脏。

【故事】

井井有条

有一老商人在一个小镇上经商十几年,到最后却破产了。

当一位债主来讨债时,见那老商人正双眉紧皱,思考自己失败的原因。

他问:"我为什么会失败呢? 难道我对顾客不热情吗?"

那位债主对他说:"你完全可以再从头做起,你不是还有些财产吗?"

老商人反问道:"要从头做起?"

"是啊! 你应该把你目前的经营状况列在一张资产负债表上,好好清算,然后再从头做起。"老商人说,这些事情他早在 15 年前就想过了,却没有下决心,因而一直没有做。

其实,无论大生意还是小生意,物资都应管理得井井有条,这是一件很重要的事情。那些把什么东西都搞得乱七八糟的人,迟早是会失败的。

yī guì jié　　　bù guì huá
衣 贵 洁 ， 不 贵 华 ；
shàng xún fēn　　xià chèn jiā
上 循 分 ， 下 称 家 。

【注释】

华:华丽。

上循分,下称家:当官的穿衣服要遵循自己的名分;老百姓穿衣服要与家庭收入、地位相称。《礼记·少仪》,"衣服在躬(身体)而不知其名为罔(无知)。"分,名分,职分。称,便会失态出丑,适合,相当。

【释文】

穿衣服，可贵之处在整洁，不在于有多么华丽；有官职的人穿着应当符合自己的身份，平常百姓的穿着则要与家境相称。这是穿衣的礼节，应多加注意。

【故事】

正气压邪气

唐朝的时候，三品以上的官员才能穿紫色的衣服，五品以上的官员才可穿绯红色的衣服。

武则天当政时，南海进贡了一件焦翠裘。它用翠鸟的毛加工制作而成，很是华贵。武则天便将它赏赐给最爱的宠臣张昌宗。一天，张昌宗披着焦翠裘，陪着武则天玩博戏，宰相狄仁杰要进宫奏事。

武则天为使宠臣与相臣联络感情，就让二人共同玩博戏。狄仁杰说："赌博不能没有彩头。臣以连胜三局为条件，赌昌宗身上的毛裘。"

武则天说:"那你的赌注呢?"

狄仁杰指了指自己穿的粗绸紫袍,"就以此为赌注吧!"

武则天笑笑说:"你不知道这毛裘值千金,你那袍子能值几个钱呢?"

狄仁杰说:"臣的这袍子可是大臣的官服,昌宗的毛裘只是非正式的衣服,和臣的官袍对赌,不合算吗?"张昌宗本就惧怕狄仁杰,又听了这一番话,心虚胆寒,三局连输。

狄仁杰马上脱了他的毛裘,向武则天谢了恩,一出宫门,就扔给了家奴穿着回府。狄仁杰赢在正气压邪气,赢在紫袍所代表的身份和地位。

duì yǐn shí　　wù jiǎn zé

对饮食，勿拣择，

shí shì kě　　wù guò zé

食适可，勿过则。

【注释】

拣择：挑食。

过则：过量。则，法则。

【释文】

吃饭的时候，不要挑食，否则就会营养不良；吃东西还要适可而止，不要暴饮暴食，不然对身体不好。

【故事】

长寿的经验

有一位知名的学者弗尔教授,活了八十五岁,无病而死。生前他在总结自己长寿的经验时,说了这么几条:

"努力工作,但任务不要过于繁重;要避免忧虑和恼怒,尽可能以你的性情相符的方式生活,充分利用上天赋予你的才能。尽量不要生活在太大的压力之下。面对金钱和健康,要合理选择一日三餐,要进食水果、蔬菜、谷类、鸡蛋和牛奶。从一开始就要成为严格的戒烟和戒酒者,并且要终生保持这样的好习惯。如果你做到了上述这些,十之八九你就会长寿。"

弗尔不愧为教授,他关于健康长寿的说法,不仅涉及饮食,还涉及个人的卫生习惯,工作方式以及休息等,面面俱到,我们应当谨记,并且身体力行才好。

服食养生

嵇康是三国时期著名的文学家、思想家,他一生崇尚老庄思想学说,生活上恬静无为,特别注意养生。他曾经写过一篇文章叫《养生论》。

在这篇文章中,嵇康讲述了人要有正确的生活态度,注意养生,只有做到这些,才可以达到健康长寿的目的。

他在书中还特别提到,在饮食上要有节制,如果"饮食不节",就会生百病。这些养生常识对我们今天的保健养生仍具有借鉴意义。

nián fāng shào　　wù yǐn jiǔ

年方少，勿饮酒，

yǐn jiǔ zuì　　zuì wéi chǒu

饮酒醉，最为丑。

【注释】

方：正在。

最为丑：最难堪的事。

【释文】

年纪还小的时候，不应该喝酒；喝酒如果醉倒了，是最难堪的事。

【故事】

酒能成事，也能败事

人们的饭量差别不太大，而酒量却不同，有的一滴也喝不了，有的则大得惊人。

东汉的大儒郑玄以善饮酒著称。袁绍想试他的酒量，趁为他赴任饯行时，约好出席的三百多人都向他敬酒。从早到晚，郑玄差不多喝了三百多杯，然而神态仍温和克制，在场之人面面相觑，无不震惊，称其"海量"。

但酒能成事，也能败事。

人一喝醉，就容易做出伤风败德的事。宋代王韶宴请宾客，叫家妓在席前奏乐。喝到夜晚，客人张缋醉了，神色诡异，还调戏王韶的家妓。

家妓向王韶哭诉,客人们都失色为张绩担惊,王韶却慢吞吞地说:"叫你们奏乐为来宾助兴,你竟然惹客人不开心!"于是罚了家妓一大杯酒,然后照常宴饮谈笑,大家都佩服他的度量。幸而主人不计较,但是如果自己注意克制,喝酒量力而行,不要醉后出丑,不是更好吗?

bù cóng róng   lì duān zhèng
步 从 容 , 立 端 正 ,
yī shēn yuán   bài gōng jìng
揖 深 圆 , 拜 恭 敬 。

【注释】

步:走路。
立:站立。

【释文】

走路的时候,要从容沉静,不要慌慌张张,站立的时候要姿态端正;向人行礼作揖要深深地弯腰,跪拜要认真恭敬。

【故事】

触龙进谏

春秋后期,当时赵国的太后刚刚执政,就遇到了秦国的侵犯,只得向齐国求援。但齐国要求把赵太后的小儿子长安君作为人质入居齐国,才肯出兵求援。

赵太后对长安君疼爱有加，不愿让他去齐国，于是没有同意齐国的条件。大臣们纷纷劝说赵太后要应允，希望她以大局为重，但都遭到了赵太后的坚决拒绝。

她还扬言："有谁再和我提起让长安君做人质的事，我一定会吐他一脸。"左师(官名)触龙决定去说服赵太后，由于他脚患病，走路不便，但为了不失礼节，他只做出快走的样子，却慢慢地向前挪动脚步。

见到赵太后时，他首先谢罪，说："我因有脚病，所以不能快走，很久也没来看你了。"

后来经触龙的再三劝说，最终说服了赵太后。

赵太后正是因为触龙走、坐知礼，才有心听下去他的劝说的。

wù jiàn yù　　wù bì yǐ
勿践阈，勿跛倚，

wù jī jù　　wù yáo bì
勿箕踞，勿摇髀。

【注释】

勿践阈：《论语·乡党》，"立不中门，行不履阈。"《礼记·典礼》"游毋倨，立毋箕。"阈，门槛。

跛：偏。

箕踞：两腿叉开蹲着或坐着。

髀：大腿。

【释文】

不要脚踏在门槛上，也不要一条腿支撑身体斜靠在墙上；坐着不要叉开双腿，更不要摇动腿脚。否则就是没教养的表现了。

【故事】

不讲礼仪险失才

汉高祖刘邦出身于普通农民家庭，读书不多，还很讨厌儒生。

秦末时有一年，刘邦带兵攻打陈留。有一次打完仗，刘邦让侍卫给他洗脚，自己敞开着衣裳，歪坐在椅子上闭目养神。恰巧，此时有一个叫郦食其的老者前来献策。

郦食其走进营帐，看到刘邦衣冠不整，坐没坐相，顿时火冒三丈，喝道："你是想帮助秦王攻打诸侯呢，还是想率领诸侯攻打秦王呢？"刘邦一听这话，也很生气："天下百姓都想推翻秦王朝的统治，我怎么会帮助秦王呢？"郦食其听了说："既然你想推翻秦朝，就不应该对老人和有学问的人这样无礼！"听了这话，刘邦很惭愧，急忙整理衣冠，诚恳道歉，好不容易才挽留住郦食其。

huǎn jiē lián　　wù yǒu shēng
缓揭帘，勿有声；
kuān zhuǎn wān　　wù chù léng
宽转弯，勿触棱。

【释文】

揭帘子要手轻，不要出声音；走路的时候，转弯动作幅度不要太大，以免碰到墙壁或其他东西的棱角。

【故事】

张飞穿针，粗中有细

刘备取得荆州后，带兵攻打益州，不料中途军师庞统战死，无奈刘备只得写信请诸葛亮入川协助。

诸葛亮入川，兵分两路，一路由自己亲自带领，另一路谁来带领呢？诸葛亮陷入了沉思。

后来他心生一计，让张飞来到自己的军帐里，交给了张飞一根绣花针和一根丝线，让他穿针。张飞很是不解，诸葛亮让他试试看。

于是张飞双眼圆瞪，一眨不眨地穿，可是穿了很长时间，总穿不进去。他心里很是着急。诸葛亮按住张飞的双手说："别急！今天穿不进，明天再穿吧，时间有的是，三天之内若能穿进去，就算你打了一场大胜仗！"

三天之后，张飞果然成功，拿去给诸葛亮看，诸葛亮手摇鹅毛扇，高兴不已。张飞方才明白，军师用心良苦啊！他是在有意培训他做一个有心人。

诸葛亮命张飞带领一万人马攻取巴郡，然后在雒邑会师。张飞一路气贯如虹，长驱直入巴郡，顺利到达雒邑与诸葛亮会师。

苏嘉折辕

苏嘉是汉朝著名大臣苏武的哥哥，曾经负责给皇帝驾车。

有一次皇帝外出，苏嘉给皇帝驾车，从都城长安来到郊外的行宫。当皇帝正要下车时，苏嘉因为不小心，一下子把车辕撞到了门前的柱子上。

车辕被折断了，皇帝也受了惊吓。结果，苏嘉被判为大不敬的罪责，只好自杀。

看来，做任何事情都应该小心，一件小事如果处理不好，有时也会酿成大祸。

zhí xū qì　　rú zhí yíng

执虚器，如执盈；

rù xū shì　　rú yǒu rén

入虚室，如有人。

【注释】

执虚器：《礼记·少仪》"执虚如执盈，入虚如有人。"虚，空。
盈：这里指满的器具。

【释文】

拿空的器具，要像拿着装满东西一样小心；走进空房子，要像主人在家一样，不要乱动主人的物品。

【故事】

以行动教育人

元代的时候，有个人叫许衡，字仲平，又称河内子。

有一次许衡外出，路过河阳。当时正值酷暑季节，天热得很，许衡一时口渴难耐。

恰好路边有一棵高大的梨树，又大又鲜亮的梨子挂满了枝头，很是诱人。许多路过的人都抢着摘梨吃，以解口渴。而许衡却端端正正地坐在树下乘凉，对树上的梨子视而不见。

有位路人摘了一个梨子给他，他却不收。那人很惊讶，没好气地问他为什么不吃。他回答到："不是自己的东西而随便拿取，实在不应该！"

那个人说："世道这么乱，恐怕这棵荒郊的梨树不会有什么主人吧？"

许衡听了之后，反问道："即使这梨树没有主人，难道我们的心也没有主人吗？"

众人听了都很叹服，不再摘梨吃了，宁愿强忍口渴。

不欺暗室

蘧伯玉是春秋时期卫国的大夫，是一个非常讲究礼仪的人。

有一天晚上，卫灵公和夫人在庭院中赏月，忽然听到有车马的声音，但经过王官门口时，却没了动静。

过了一会儿，车马声又在远处响了起来。

原来，当时的礼节规定：大臣经过国君的门口要下车，以表示恭敬。蘧伯玉绝不因为这是晚上，没有人看见就废弃了礼节。从这件小事，可以看到蘧伯玉的谨慎和认真。

shì wù máng　máng duō cuò
事勿忙，忙多错；
wù wèi nán　　wù qīng lüè
勿畏难，勿轻略。

【注释】

忙：慌张。

畏：害怕。

【释文】

做事不要匆忙，慌乱容易酿成过错；做事不要害怕艰难，要下定决心，排除万难；做事也不要马虎草率，要认真对待每一件事。

【故事】

愚公移山

古时候，我国北方有两座相邻的大山，叫做太行、王屋。两座山方圆有七百余里。

北山有一位叫愚公的老人，年纪将近九十高龄了，恰好面对大山而住。他苦于山北道路阻塞，出入要走远路，于是就召集了全家人把山搬走。

愚公带领子孙中能挑担子的三个人上山，破石挖土，用箕筐把山石运到渤海的西边。

河曲有一个叫智叟的人，嘲笑愚公不自量力。北山愚公深深地叹息：

"你的心真是顽固。虽然我死了，还有我的儿子在；儿子又生孙子,孙子又生儿子,子子孙孙,是没有穷尽的。然而山又不增加高度,还怕不能被铲平吗?"智叟无言以对。

玉皇大帝听说了这件事,被愚公的诚心感化,于是就命气力之神夸蛾氏的两个儿子背着太行、王屋两座山,一座放在了朔方以东,一座放在了雍州以南。自此以后,冀州的南面,汉水的北面,就不再有什么阻隔了。

dǒu nào chǎng　　jué wù jìn
斗闹场,绝勿近;
xié pì shì　　jué wù wèn
邪僻事,绝勿问。

【注释】

斗闹:打斗争闹。

绝:绝对。

邪僻:不正当。

【释文】

遇到打斗争闹的场面，绝对不要靠近；遇到奇邪怪僻的事，绝对不要过问。

【故事】

不问世事

唐代时，有位贤达之人，名叫窦威，字文蔚。他性格比较沉稳静默，少言寡语，但是他勤奋好学，读了很多书。

内史令李德林发现他颇具才华，很是赏识，便任命他为秘书郎。然而窦威不慕名利，不求闻达，到了该调任的时候，他却要求不调；应该升官的时候，他也要求不升。就这样，在一个职位上，他干了十年之久。

这个时候，他的几个哥哥却因为屡建军功，提拔得非常快，他们都看不起窦威。

蜀王秀让他当记室，他以病相辞。而到了大业年间，他出任内史舍人，官职显达，垂名青史。窦威不问世事，只管读书，成就了自己的学业和事业。

jiāng rù mén　　wèn shú cún
将入门，问孰存；
jiāngshàngtáng　　shēng bì yáng
将上堂，声必扬。

【注释】

孰：谁。

扬：传播出去。

【释文】

到别人家中拜访，应当先敲门，问问家里有没有人，得到主人的同意才可进门；迈入万堂之前，大声让人知道。

【故事】

两耳不闻窗外事

南北朝时期，有一个著名的学者叫王瞻，对后世影响很大。王瞻自幼喜欢读书。他无论干什么事都非常认真，尤其是在读书的时候，专心致志，不为别的事情所干扰。在七岁的时候，他已经读过很多书，并且都用心去读，仔细领悟其中的意思，大家都称他为"神童"。

有一天，王瞻和他的同学正在学堂里读书，忽然外面一阵喧闹，接着锣鼓声，鞭炮声，还有人的笑声接踵而至。王瞻的同学们坐不住了，都跑出去凑热闹去了，可王瞻还是一个人坐在那里认真地朗诵课文。

一会儿，一个同学回来了，冲着王瞻喊："快出来看呀，那边正在娶新媳妇呢？你在那里傻呆着干什么？"王瞻答道："我正在思考这句话的意思呢"，说完又继续读课文了。老师看见七岁的孩童竟有这样的自制力，不禁十分佩服。

rén wèn shuí　　duì yǐ míng

人问谁？对以名，

wú yǔ wǒ　　bù fēn míng

吾与我，不分明。

【注释】

以：用。

分明：明白，知道。

【释文】

别人问姓名时，应当非常明确地回答别人的问话，不要只说一声"是我"，这样人家还是不会知道你是谁，就等于没说。

【故事】

萧何的"赞拜不名"

古代大臣去见国君或下级拜见上级的时候，都要自己叫着自己的名字，这样国君或上级就清楚是谁来了。只有很有威望或者与皇帝关系密切的人入朝求见，才可以在拜见时不称自己的名字，这在古代叫做"赞拜不名"。汉朝丞相萧何就享有这一待遇。

原来，刘邦得天下后，论功行赏，诏定元功十八人位次。对谁为第一功臣，群臣曾经发生过争执。大家都说平阳侯曹参身被七十创，攻城略地，功劳最多，宜为第一。但是，关内侯鄂千秋则认为，曹参虽然有野战之功，但是这只是"一旦之功"，比起萧何而言就差很多了。萧何转输兵员、粮草，巩固后方，是"万世之功"。萧何当为第一功臣。

刘邦认为这一观点正确，于是赐萧何"剑履上殿，入朝不趋，赞拜不名。"这就是说萧何可以带着剑到皇帝的宫殿走动，他上朝参拜皇上的时候不用下跪，打个拱手说"参见皇上"即可。这可是做臣子最高的礼遇了。

yòng rén wù　　　xū míng qiú
用人物， 须明求，

tǎng bú wèn　　　jí wéi tōu
傥不问， 即为偷。

【注释】

须：必须。

傥：通"倘"，假若。

【释文】

借用别人的东西，应该当面向人家请求；如果预先不告诉人家，就是偷东西了。

【故事】

灯　谜

明朝正德年间，杭州开灯谜大会。那时，祝枝山正好也来到杭州游玩，听说有灯谜大会，也想看看热闹。

湖畔到处都挂满了灯谜，名目繁多，祝枝山也拿出了预先准备好的放大镜，这边瞧瞧，那边看看。

祝枝山走呀走，可是总也没有猜出一个谜面，心中不免有些失落。忽然他走到一个地方，站着不动了。因为面前挂出来的谜语与众不同，一边挂了一张关公脸，一边挂了一串一千文的铜钱，说是打一俗语。祝枝山看了一下，不声不响地搬张凳子站了上去，拿起那串铜钱就走。围观的人将他带到了灯谜长那儿，要灯谜长裁决处置。

灯谜长微笑着对众人说："他呀，猜中了！这不正是那句'只要铜钿，勿要面孔'的俗语？"

祝枝山确实十分聪明，只是他的做法有些欠妥。如果他直接说出谜语，而不是选择一种表演的方式拿钱就走，也许就不会让人误解了。

jiè rén wù　　 jí shí huán
借人物，及时还，
rén jiè wù　　 yǒu wù qiān
人借物，有勿悭。

【注释】

还：归还。

悭：小气。

【释文】

借了别人的东西，应当及时归还；如果别人向你借东西，有的话就痛快地借给别人，不要小气。

【故事】

望而生畏

相传,刘备借得了荆州,但并没有归还之意,并把大权交给了关羽。

鲁肃找来吕蒙和甘宁,准备约关羽洽谈此事,不行就武力争取。关羽接到鲁肃的邀请信后,知晓其中有诈,但仍决定单刀赴会。他吩咐周仓备马。

周仓不久回禀:"将军久未跨马征战,宝刀已经生锈啦!"关羽问道:"那你为什么不磨刀呢?"

周仓答道:"楚地百日大旱,久不降雨,无水磨刀!"关羽着急了,说:"难道你不能向天河借点磨刀雨吗?"

周仓惊奇地说:"龙王不会同意的。"关羽心中恼火,大吼一声:"你不借我磨刀雨,我就不准你龙晒衣!"

他这声大吼,震撼天地,也惊动了东海龙王。龙王恐惧,连忙向天帝启奏。

玉帝说:"那你就借给他十天半月的磨刀雨吧!"后来,关羽单刀前往陆口会见鲁肃,东吴的将士在陆口早已埋伏,但是看到周仓为关羽扛着用借天水磨得锃亮闪光的青龙偃月宝刀,一个个望而生畏,谁也不敢轻举妄动。

fán chū yán　　xìn wéi xiān

凡 出 言 ， 信 为 先 ，

zhà yǔ wàng　　xī kě yān

诈 与 妄 ， 奚 可 焉 ？

【注释】

凡出言，信为先：《论语·为政》"人而无信，不知其可也（不知道他怎么可以立身处世）。"

诈与妄：诈，欺骗。妄，胡言乱语。

奚：怎么。

【释文】

说话，最重要的是讲诚信；撒谎或胡说八道，那怎么可以呢？

【故事】

天上一句，地下一句

相传一个村中有三个爱吹牛的人，叫张三、李四、王五。有一次，他们在一起喝酒，就吹开了。

张三首先开口，说：

"我家脸盆五十个人洗澡，谁也看不见谁。"

李四听着，说："这有什么稀罕的，我们家的大锅，当年黄帝大战蚩尤时,用这口锅给万员大军做了一锅大米饭,他们吃了两天也只吃了一半!"

王五也高兴地说:"这不算新鲜!我们家的先祖,过去住在南方,种倭瓜天下有名。记得当年曹操率大军南下,途经我们家,因为粮草短缺就要我们家的倭瓜当作饭吃。我们的老祖先给他们切了一小块,八十三万大军吃了一个月,也还没有吃完呢!"

这时门外有一爷孙俩,小孙子好奇地问爷爷:"爷爷,这么大的瓜,怎么吃呢?"

爷爷回答说:"用锯子锯啊!"

孙子又问道:"瓜都这么大了,锯子得多大呀!那怎么锯呢?"

爷爷指了指三个吹牛的人说:

"简单,天上一锯,地上一锯嘛!"三人听后面红耳赤。后来这话就成了"天上一句,地上一句"的俗话。

huà shuō duō   bù rú shǎo
话说多 ，不如少 ，
wéi qí shì   wù nìng qiǎo
惟其是 ，勿佞巧 。

【注释】

说话多,不如少:《孔子家语》"无多言,多言多败。"

惟其是:惟,只有,只要。是,恰当,无误。

佞巧:逢迎讨好,奸诈机巧。《史记·周本纪》"石父为人佞巧,善谀好利。"佞,会说动听的话。

【释文】

说话说得太多，还不如说得少些，关键是说话要说到点子上；讲道理，不要花言巧语，油嘴滑舌。

【故事】

妙语救人

诸葛瑾是三国时期孙权手下的大臣，平时话不多，但常常在紧要关头，几句话就能解决问题。

有一次校尉殷模被孙权误解，要被杀头，大臣们都向孙权求情，人们越说，孙权越生气，这样僵持了很久。

当时只有诸葛瑾一言不发，孙权感到很奇怪，就问："为什么子瑜（诸葛瑾字子瑜）不说话？"

诸葛瑾说："我与殷模的家乡遭遇战乱，所以才来投奔陛下。现在殷模不思进取，辜负了您，还求什么宽恕呢？"

短短几句话，孙权就感到殷模不远千里来投奔自己，即使有什么过错也应该原谅，于是就把殷模赦免了。

诚心与失约

传说清朝乾隆年间，江海平原上的新地镇举行庙会，人山人海。有个卖鸽郎想参加庙会，哪知道，他的鸽笼还没有放稳，就让人流冲得不知去向。

人群中有个卖铜箫的乐妹，也被人流挤得东倒西歪。突然，她感到脚下被什么东西绊着了，低头一看，是个鸽笼。这时她正好听到鸽郎的呼叫，便捡起鸽笼，竭尽全力，挤到了鸽郎的身边。鸽郎挑出了一对完好的"千里眼"白鸽，送给乐妹作为酬谢，乐妹也挑了一只上好的铜箫回送给鸽郎。谁知这一来一往，两人竟顿生情愫。

两人相约，回家之后，鸽郎托媒人前来说媒。可是乐妹回家后，一年中却不见人来。

乐妹心中颇多感叹，便写一首诗，将诗绢缚在"千里眼"腿上，希望它能传递情思。谁料"千里眼"在归途中遭到了饿鹰的拦击，变成了饿鹰的一顿美餐。

就这样，乐妹送走鸽子，就如石沉大海。时间长了，乐妹终因相思过度，一病不起，没有过多长时间，便离开了人世。其心意至诚真是感人，而卖鸽郎不守约则不足取。

kè bó yǔ   huì wū cí

刻薄语，秽污词，

shì jǐng qì   qiè jiè zhī

市井气，切戒之。

【注释】

秽污：不干净。

气：习气。

【释文】

不要讲刻薄挖苦的话，不要说下流肮脏的话；无知愚昧，没有品味的世俗习气，一定要切实地改掉。

【故事】

爱骂人的皇帝

刘邦年轻的时候游手好闲，只知道吃喝玩乐，整天不务正业，所以染上了浓浓的市井气。而这些粗俗的习惯，差点葬送了他的前程。

一年，刘邦和项羽在彭城展开了一场战争。当时，刘邦率领军队刚进入彭城，项羽就发动了偷袭。刘邦的军队无力反抗，几乎全军覆没，刘邦侥幸逃脱。

当时情势相当被动，于是刘邦请人去游说当时著名的战将魏豹归附自己。

但魏豹拒绝了，理由是：汉王(刘邦)为人傲慢无礼，以侮辱别人为乐，难以相处。

夺取天下后，刘邦依然不改这种坏脾气。

一天，一个叫陆贾的人在刘邦面前大赞《诗经》和《尚书》是如何得好，说得眉飞色舞。

刘邦听了，不以为然，一拍桌子，说："老子是在马上打下的天下，这《诗经》和《尚书》有什么屁用！"

陆贾也是一个十分倔犟的人，一听此言，立刻反驳道："你虽然能在马上取得天下，但是能够在马上治理天下吗？"

刘邦一听，觉得陆贾这话说得非常有道理，连忙道歉，还谦恭地向他讨教治国的道理。

jiàn wèi zhēn　　wù qīng yán

见 未 真， 勿 轻 言，

zhī wèi de　　wù qīngchuán

知 未 的， 勿 轻 传。

【注释】

的：明白。

轻传：随便乱传。

【释文】

如果自己还没有把事情弄清楚，就不要随便乱发言；如果听到的事情没有根据可言，也不要随便乱传。

【故事】

心中有数

汉朝时有员大将，叫赵充国。他很熟悉汉初西北部的匈奴和西羌族的情况。他有勇有谋，通晓兵法，宣帝即位后被封为营平地侯。

公元 63 年，西羌各部落会盟，联合发兵攻击汉朝。汉宣帝经过与朝中大臣商议，认为只有赵充国最熟悉西羌的情况。可是他已七十六岁高龄，还能出征打仗吗？汉宣帝没有办法，只好派御使大夫丙吉去征求赵充国的意见。赵充国自告奋勇，说："要平定西羌，我这个糟老头还算合适。"

赵充国来到金城，进行了实地调查研究，并且渡过了黄河，侦察羌人地区的形势。他又从俘虏口中，问明了羌族各部落首领之间的亲疏离合关系，于是定出了驻兵屯守的计划，主张对待羌人不进行正面攻剿而采取分化瓦解。

赵充国就把这个计划奏报了宣帝。宣帝和群臣经过反复商讨，最后同意了赵充国的方案，果然，实行的效果不错。汉人和羌人一时的紧张形势随即安定下来。赵充国弄清问题才发表意见的做法也得到了人们的肯定。

shì fēi yí　　wù qīng nuò
事非宜，勿轻诺，

gǒu qīng nuò　　jìn tuì cuò
苟轻诺，进退错。

【释文】

不合理的事情，不要轻易向别人许诺；假若轻易许诺了，就容易使自己陷入进退两难的境地。

【故事】

范仲淹信守诺言

范仲淹的老师李先生临终前，交给范仲淹一个包裹，里面有一张祖传的炼金秘方。让范仲淹转交给他的儿子。

范仲淹来到京城，他路见不平，挨人毒打，被王大人救了下来。后来，他发现王大人和李先生是同乡，就把李先生的事告诉了王大人。

没几日，一位自称是李先生儿子的少年来到府上，投靠王大人。那少年见到范仲淹就问:"家父有何留下的东西?"范仲淹迟疑了一下,进屋拿出一个包裹交给少年。

当夜,那少年拿着包裹悄悄地来到王大人的屋里,将包裹交给了王大人。王大人说:"我终于如愿以偿了。"

原来同乡、李先生的儿子,都是王大人一手策划的。

王大人打开包裹一看,里面全是杂物。原来范仲淹早已看出了破绽,偷偷将包裹调了包。

三年后,范仲淹信守诺言,找到了李先生的儿子,将珍藏的包裹亲自交给了他。

fán dào zì　　zhòng qiě shū

凡道字, 重且舒,

wù jí jí　　wù mó hu

勿急疾, 勿模糊。

【注释】

道字: 说话吐字。

舒: 流畅。

【释文】

说话的时候,要吐字清晰,速度放缓;不要太急,不要吐字模糊不清,否则会让人弄不明白你说的什么。

【故事】

悬河泻水

晋朝的时候,有个十分出名的清谈家,名字叫郭象,号子玄。他从小就非常爱好读书,又善于思考。

对日常生活中别人熟视无睹的东西,他都喜欢追根究底,探讨出缘故究竟。

经过勤奋刻苦的学习,后来郭象成为了一个学识广博又谈锋甚健的学者。他不仅能把前人的见解和哲理讲得清清楚楚,又能据前人的论点自由发挥。所以,他讲起话来,就如同决堤的江水,滔滔不绝。

当时,最有名的清谈家叫王衍,他对郭象的才华颇为赏识,经常称赞郭象说话"如悬河泻水,注而不竭"。意思是说,郭象说话如同半空中的河流泻水一般,直往下泻,不会枯竭。这真是一种非常高的评价。

裴秀学礼

裴秀是西晋时期的一位大臣,从小就知道勤奋学习,从不放过任何一个机会。裴秀出生于一个官僚贵族家庭,所以家中常常有客人来访。

家中每次宴请客人时,母亲总是让他端饭送菜,服侍客人。裴秀把接待客人也当成一个学习的机会,在接待过程中,总是言语虔诚,举止有礼,借机和客人交谈几句。

客人们见他如此虚心懂礼,也都很喜欢他。由于裴秀养成了优雅的谈吐,所以他的名声很快就传开了。

bǐ shuōcháng　　cǐ shuō duǎn
彼说长，此说短，

bù guān jǐ　　mò xián guǎn
不关己，莫闲管。

【注释】

莫：不要。

闲管：管闲事。

【释文】

公说公有理，婆说婆有理，是非长短，别人的事是很难讲清楚的。如果和自己没有关系，就不要多管别人家的闲事。

jiàn rén shàn　　jí sī qí
见人善，即思齐，

zòng qù yuǎn　　yǐ jiàn jī
纵去远，以渐跻。

【注释】

见人善：《论语·里仁》，"见贤思齐焉，见不贤而内省也。"

纵：虽然。

跻：登，上升。

【释文】

看到别人品质善良，就要向这样的人看齐；即使自己与他们相去甚远，时间长了，坚持不懈，差距就会慢慢拉小。

【故事】

兄弟求贤

东晋的时候，有两兄弟，一个叫孙潜，一个叫孙放。两人从小就聪明好学，除了学习书本上的知识，还时刻想着学习别人的善行。

一天，他们去拜访当时非常有名的大臣庾亮。

庾亮早就听说过这两兄弟的事情，就想试试他们。

庾亮问孙潜："你的字是什么？"

孙潜回答："我的字叫齐由。"

庾亮说："为什么要取这个字呢？"

孙潜回答："因为我想向许由看齐。"

原来,许由是上古时期尧的贤士。当时尧想要把君位让给他,但他觉得自己才疏学浅,就推辞掉了。孙潜觉得许由这种谦虚的精神很值得自己学习,于是就以齐由为自己的字。

庾亮又问孙放:"那你的字是什么?"

孙放回答:"字齐庄。"

庾亮问:"你想向谁看齐呢?"

孙放说:"我想向庄周看齐。"

庄周是古代著名的思想家,孔放决心以他为目标,努力学习。

后来,兄弟俩果然有所作为,孙潜做了豫章太守,孙放当了长沙相。

jiàn rén è　　 jí nèi shěng
见人恶, 即内省,
yǒu zé gǎi　　 wú jiā jǐng
有则改, 无加警。

【注释】

内省:内心反省。

警:引以为戒。

【释文】

看到别人品质恶劣,自己也要内心反省;如果自己也有这种恶劣的品质,就要尽力改掉,如果没有也要引以为戒,多加注意。

【故事】

曾子自省

曾子是孔子的学生,叫曾参,是个非常注重道德修养的人。他每天晚上休息之前,总是对自己一天的所作所为进行反思:我这一天到底做了什么有意义的事情,做了什么没有意义的事情,做错事情了吗?给人做事是不是尽心尽力了?要学习的东西都掌握了吗?他这种勤于反思,时时注意加强自身修养的精神是令人钦佩的。今天,我们也要继续发扬这种自我反省的精神,不仅自己的事情,就是见到别人做事时,也要留心学习观察,处处总结经验教训。

检查自己

曾子对自己的要求十分严格。有一次,有人去问他:"要怎么样对待自己才好呢?"

曾子回答说:"吾日三省吾身,为人谋而不忠乎?与朋友交而不信乎?传不习乎?"

曾子的意思是说:"我每天都要反复检查自己:替人做事有没有尽心尽力;和朋友交往有没有以诚相待;老师传授的学问有没有认真复习。"

那人听后,说:"我一定遵照先生的教导,每天检查自己的言行,如果在您说的这些方面有什么不妥之处,我一定尽力及时改正。"

曾子听了,点头称许,说:"你如果真的这样做,一定能成为一个有权有德的人。"

wéi dé xué　　wéi cái yì
惟德学，惟才艺，

bù rú rén　dāng zì lì
不如人，当自励。

【注释】

德学：道德、学问。

励：努力。

【释文】

为人最重要的是道德、学问、才干、本领四个方面；在这些方面如果不如别人，就要不断努力，奋起直追。

【故事】

一字之师

范仲淹行文做诗，历来讲究文辞，如果反复推敲仍感不妥,他就拿去请教别人。

这次也不例外，他把文章交给了南丰的李泰伯等人看。其他人反复吟诵,称赞不已,只是李泰伯默不作声,还在思忖。

范仲淹知道他一定有想法,就谦恭地问:"请李先生谈谈高见。"

李泰伯见他态度真诚和蔼,就起身说:"范公文章一出,必传布四方,肯定能获得盛名,但我想斗胆改一字。"

范仲淹听了非常高兴,激动地握住了李泰伯的手,让他快说,泰伯说:"云山苍苍,江水泱泱,两句气势壮阔,紧接着一个'先生之德'显得气魄太小,两相不太和谐,依我看,'德'字应改为'风'字为宜,不知诸公怎么看?"

语音刚落,别人还没应话,范仲淹先大声叫好,并且敬重地对他说:"我从此拜您为'一字之师'!"为表示郑重,范仲淹送给了"一字之师"一千两银子。范仲淹能成大业,与这种谦虚好学的精神大有关系。

三人行必有我师

大教育家孔子是个善于学习的人,他勤思好学,不耻下问。

有一次,孔子和学生们正在赶路,忽然一个小孩子挡住了他们的去路。

原来,这个孩子正在路上用砖瓦石块垒一座城池呢。孔子叫那个小孩让路,而小孩却说:"这世上只有车绕城而过的,还没有把城池拆了给车让路的。"

孔子想:确实不能把这孩子摆的城池当成玩具。我这样想,可孩子不这样想啊。我倡导礼仪,没想到让孩子给问住了。

孔子十分感慨地对他的学生说:"三人行必有我师!这孩子虽小,却懂礼仪,可以做我的老师了。"

ruò yī fú　　ruò yǐn shí

若衣服，若饮食，

bù rú rén　　wù shēng qī

不如人，勿生戚。

【注释】

若：如果。

戚：难过自卑。

【释文】

吃穿不如人，并没有什么不光彩的，不要因此而难过自卑，重要的是集中精力，用心治学修身。

【故事】

外表与内在

爱因斯坦是一位闻名世界的科学家，他在物理学方面取得了骄人的成绩，为人类的进步作出了杰出的贡献。

在瑞士中学求学的时候，有一次他被邀请参加一位同学的生日宴会。在座的同学衣着都很考究，体面，只有爱因斯坦穿得和平时一样，没有打扮。

一位同学见状，毫不客气地将他上下全身打量了一番，然后对他说："你父亲的生意是不是很不顺利呀？"爱因斯坦却并没有因此感到丝毫尴尬，反而坦率地说："父亲的生意是有些不顺利，但也不至于买不起一件衣服。"

这时一位同学哈哈大笑，说："既然买得起，何必不买一件，打扮得体面一点呢？"

爱因斯坦却十分严肃地告诉他："我认为作为青年，不能只知向社会索取，而应该多思考怎样为社会做贡献！"一句话，把那些只知道追求外表而不懂内在修养的同学说得无言以对！

阮咸晒衣

阮咸是晋朝著名的文学家，年轻的时候家里并不富裕，吃的穿的很平常，可是他在有钱人面前泰然自若，一点也不自卑。当时有个风俗，就是每年七月初七，各家都要把自家的箱子打开，把箱子中的衣服拿到太阳下面晾晒，据说这样衣服就不会被虫子咬坏。

这一天，许多人家都在晒衣服，阮咸把自己的衣服也晾出来，许多人见阮咸晾晒自己的旧衣服，都来观看。但阮咸一点也不在意，他认为，富贵不是可以夸耀的资本，贫寒也不是耻辱，人活着的关键在于他的德行和学识。

wén guò nù　　wén yù lè
闻过怒，闻誉乐，

sǔn yǒu lái　　yì yǒu què
损友来，益友却。

【注释】

怒：生气。

益友：好朋友。

【释文】

如果听到别人说你的过错就生气，听到有人夸奖你就高兴，那么坏朋友就会靠近你，好朋友就会离开你。

【故事】

完善自我

大学问家孟子与他的学生谈到勇于接受批评的问题，举出了三位名人，分别是子路、禹和舜。

子路是春秋时期鲁国人，又名仲田，师从孔子，是孔门 72 贤之一。他为人诚实，刚直好勇。而且他非常愿意别人指出他的缺点，当被指出的时候，他不仅不生气，反而特别高兴。他虚心听取，有则改之，无则加勉，学问品德天天都有长进。

禹，是民间传说中夏朝的开国国君，曾经治理黄河，平息了水患。他和尧、舜等都是被人们世代传颂的上古贤君。禹为人十分谦虚，听到别人对他的善言相劝，常常感激得下拜。

舜，也是传说中的古代贤君，人们都称他为"大舜"。他曾经让位给禹。孟子说，舜要比禹伟大，他能够善与人同，舍己为人，与人为善。

所谓"善与人同"就是说不能把成绩和优点看作是个人独占的，而是和百姓共有的。舜曾经在历山耕田种地，在河滨烧窑制瓷，在雷泽制网捕鱼。从他做农民，做陶工，做渔夫，到最后做天子，所有的长处都是向别人求教学来的。

这三人共同的优点是善于采纳别人的意见，为己所用，完善自我，因而各自成就了一番事业。

wén yù kǒng　　　wén guò xīn
闻誉恐，　闻过欣，
zhí liàng shì　　　jiàn xiāng qīn
直谅士，　渐相亲。

【注释】

直谅士：正直诚实的知识分子。

亲：亲近。

【释文】

如果听到别人夸奖你，就心中不安，听到别人指出你的过错就高兴不已，那么正直的朋友就会愿意与你结交，亲近。

【故事】

佛印禅师评诗

北宋著名文学家苏东坡当年在江北瓜州任职时，和江对岸金山寺里的住持佛印禅师非常要好，两人经常一起谈禅论道。

一天，苏东坡自认为对禅的理解已经很有境界了，便写了一首诗："稽首天中天，毫光照大千。八风吹不动，端坐紫金莲。"他认为这首诗写得非常好，于是派书童过江，把诗送给佛印禅师。

没想到佛印禅师看过诗后，拿笔写了两个字，就叫书童带回去。

苏东坡以为佛印禅师一定会对自己的诗大加赞赏，便急忙打开禅师的批示，没想到上面只有两个字——放屁。他觉得这个评语与自己心里的期望相差太远，不禁非常生气，立刻乘船过江去找禅师理论。

船快到金山寺时，佛印禅师早就在江边等候苏东坡了。苏东坡一见禅师，马上冲过去，气呼呼地说："禅师，我们的交情这么深，即使你不赞赏我的诗和修行，也不能骂人啊！"

佛印禅师若无其事地问："我什么时候骂你了？我骂你什么呀？"

苏东坡把诗拿出来，指着上面的"放屁"二字给佛印禅师看。

禅师看了，呵呵大笑说："原来是这回事啊。你诗中不是说'八风吹不动'吗？怎么一个屁就把你打过江了呢？"

苏东坡一听，知道禅师是在说自己太狂妄了，心中惭愧不已，同时也发现自己对禅的理解还不够，就乖乖回去研究了。

拒绝奉承

宋璟是唐朝武则天时期的著名大臣，以刚正不阿著称。有一天，一个人转交给宋璟一篇文章，并对他说："写文章的人很有才学。"

宋璟是一个爱才之人，马上就读起这篇文章来，开始时他一边读一边赞叹："不错，真是不错！应该重用。"可是读着读着，宋璟的眉头皱了起来，原来这个人为巴结宋璟，在文章中对他大加吹捧，这让宋璟很生气。

后来，宋璟对送文章的人说："这个人的文章不错，但品行不端，想靠巴结来升官，重用他对国家没有好处。"因此就没有推荐这个人做官。

wú xīn fēi   míng wéi cuò
无心非，名为错，
yǒu xīn fēi   míng wéi è
有心非，名为恶。

【注释】

非：用作动词，做坏事。
有心：明知故犯。

【释文】

无心而做了不好的事，是一种过错；如果明知故犯，故意做坏事，就是一种恶劣的行为了，就会受到严厉的惩罚。

【故事】

梁上小偷

东汉时，颍川郡许县有一个叫陈定的人，他为人公正，办事也比较公道。

有一年，河南大旱，百姓生活困苦。一天半夜，有个小偷悄悄潜入了陈定家中，想要偷东西。陈定当时听到了声响，便起床查看。小偷见状，急忙爬到了堂屋的中梁上躲藏了起来。这一切早被陈定看见了，不过他并没有声张。

他若无其事地把儿女子孙们全都叫到了堂屋中，然后神态严肃地教训他们说："作为人，无论什么时候都应该努力向上，严格要求自己。所谓坏人并不是天生就坏的，但是倘若沾染了坏习惯，长此以往，就会慢慢变坏的。我们眼前的这位梁上君子不就是这样吗？"

梁上的那个小偷，听后大受启发，连忙从屋梁上跳了下来，叩头请罪。陈定非常同情这位小偷的处境，吩咐家人取来两匹白绢，送给小偷。这件事传扬出去，以后，这一带很少再发生偷盗之类的事情。

曹操割发

三国时，有一次曹操率领军队去打仗。出发前，他警告将士，不要毁坏麦田，如果有人违反规定，一定杀无赦。队伍正在田间的路上行走，忽然一群小鸟从麦田中飞出来，曹操的战马受惊，冲向麦田，踏坏了一大片麦子。

曹操对军法官说："我违反了军令，应按军法治罪。"说着，他拔出了宝剑，说："我是主帅，不能自杀，就把头发割下来代替砍头吧！"说完，用剑割下了自己的头发。

曹操严于律己，有错必纠的品格，表现出了他作为政治家的胸怀。

guò néng gǎi　　　guī yú wú
过能改，　归于无，

tǎng yǎn shì　　　zēng yì gū
倘掩饰，　增一辜。

【注释】

过：过错。

辜：罪过。

【释文】

如果自己有了过错但能知错就改，别人就不会在意了，就像你没犯过这种过错一样；如果自己有错而不知道改正，而且还试图遮掩，就等于又增加了一种过错。

【故事】

告别过去，改过自新

皇甫谧是汉代的文学家和医学家，善写诗赋，精通医术，一生取得了很多成就，名留青史。但是，他小的时候却是放纵不羁，很让家人头痛。

他当时在叔父家中生活，叔父常教导他要努力读书，可他全部当了耳旁风。

他很少回家，整天和一帮恶少在一起混。叔母眼看这孩子都快二十岁了，再教育不过来，可真要完了。叔母便把他叫到了自己面前，语重心长地对他说："侄呀！你若再这样混下去，就太让人痛心了，怎么就不懂要强争口气呢！"

说着，热泪就滚下来。叔母一席话，情感真挚，都是发自肺腑的真话，这也让他深受感动，悔恨交加，没等叔母把话说完，他就连连念出了八个字："告别过去，改过自新。"他醒悟后，很快去了先生家，借了很多书。

从此以后，他专心致志，读了很多的书，方才明白书中原来有这么多的知识和道理。

谁料正当他热情满怀，立志读书的时候，却不幸患了风湿性麻痹症，行动变得极为不便。然而就是在这种情况下，他用心攻读，并且还著书立说。后来，他写的《三都赋序》、《释劝论》和《高士传》都备受世人重视，成为一笔宝贵的文化遗产。

四、泛爱众而亲仁

fán shì rén　　 jiē xū ài
凡是人，皆须爱，
tiān tóng fù　　 dì tóng zài
天同覆，地同载。

【注释】

天同覆，地同载：《礼记·孔子闲居》"子曰'天无私覆，地无私载，日月无私照，奉斯三者，以劳天下，此之谓三无私。'"覆，遮盖。载，承担。

【释文】

对待每一个人，都要有爱心；因为我们大家生活在同一片蓝天下，共处在同一块土地上。

【故事】

出人意料

在荷兰海边一个渔村里，一天晚上，海上的暴风吹翻了一条渔船，救援队的队长听到了警讯，立即组织救援。但救援船无法载上所有的人,只得留下了其中的一个。

在忙乱中,队长要另一队人员去搭救最后留下的人。16岁的汉斯应声而出。他的母亲抓着他的手臂说:"求求你不要去,你的父亲10年前在船难中丧生,你的哥哥保罗三个礼拜前才出海。你是我唯一的依靠呀!"汉斯回答:"妈,我必须去。当有人要求救援,我们就得轮流扮演我们的角色。"汉斯吻了他的母亲,消失在黑暗中。

又过了一个小时,救援船终于回来了。汉斯站在船头高兴地大声喊:"妈,他是我哥保罗。"这故事的结局有些出人意料,却也在情理之中,整个故事是多么令人感动。小汉斯的品质难能可贵,因为他有一颗善良、关爱他人的心灵。

xíng gāo zhě　　míng zì gāo
行高者,名自高,
rén suǒ zhòng　　fēi mào gāo
人所重,非貌高。

【注释】

行高:品行高洁。
名:名声。
重:敬重。

【释文】

如果一个人品行高洁,名声自然就会高起来;人们所敬重的人,主要是因为他们有高尚的品德,而不是因为相貌好看。

【故事】

晏子使楚

晏子是春秋时期齐国的相国,但长相很普通。一次,齐王派他出使楚国,楚王听说晏子来了,想羞辱他,于是就在城墙下开了一个又低又小的门。

晏子知道这是楚国人故意羞辱他,就说:"我是前来访问的,这是狗洞,不是国门,如果我访问的是狗国,我就从这个门进去。"

楚国人一听,马上打开城门让晏子进去了。晏子见到楚王,楚王故意问他:

"齐国没有人了吗,怎么派你来了?"

晏子回答说:"我国派人出访有一个规矩,上等国家派上等的人物,我最不中用,所以就派我到楚国来了。"

楚王听后,觉得晏子很了不起,对他肃然起敬,并马上向他道歉。

cái dà zhě　　wàng zì dà
才大者, 望自大,
rén suǒ fú　　fēi yán dà
人所服, 非言大。

【注释】

望:名望。

言大:自夸自大。

【释文】

如果一个人才华过人，名望自然就大；人们佩服一个人，主要是因为他有真正的本领，而不是因为他自夸自大。

【故事】

司马迁著《史记》

司马谈，任太史令。他博学善问，曾向唐都学习天官方面的知识，向杨何学习易学方面的知识，向黄子学习道学方面的知识。当时，他的儿子司马迁已任郎中。临到去世的时候，司马谈拉着司马迁的手，眼含热泪地说："我们的祖先是周朝的太史官，很早以前就功显名扬。以后史官的地位就越来越不如以前了，难道会在我的手中断绝吗？你如果能再当太史官，一定要继承我们祖先的事业！"司马迁听了父亲的话，感动涕零。司马谈死后三年，司马迁当上了太史令。不久，司马迁却因为李陵辩护激怒朝廷，遭到囚禁和宫刑。出狱以后，他不问世事，发愤著书，终于完成了划时代的著作《史记》。

铁 如 意

王昭远是五代时期后蜀的统帅,平时他以诸葛亮自比,总是吹嘘说:

"只要我手握铁如意,坐着太平车就可指挥大军,一统天下。"

公元961年,北宋派大军攻打后蜀。后蜀派王昭远率军抵抗,平时趾高气昂的王昭远由于指挥失当,使军队一溃千里,王昭远自己也做了宋军的俘虏。结果,王昭远自比诸葛亮要一统天下的大话,成了历史上的笑柄。

jǐ yǒu néng   wù zì sī
己有能, 勿自私,
rén yǒu néng   wù qīng zǐ
人有能, 勿轻訾。

【注释】

能:本领。

訾:诋毁,怨恨。

【释文】

自己有本事,就不要自私,应当出来帮助天下苍生;别人有本事,也不要故意诋毁人家,或者说人家的坏话。

【故事】

善于辞令

袁甫是西晋时期的人，字公胄。袁甫自幼勤奋好学，以善于辞令而著称于乡里。

有一次，他有机会见到了中将军何勖，便对何将军说他能够治理一个繁难的县。何将军听了，问道：

"你仅仅想治理一个区区小县吗？为什么不寻求一个像台阁中一样的比较高的官职呢？"

袁甫说："每一个人具有的才能和别人是不同的。对同一个人来说，有的事他能够办成，而有的事他就办不成。英明的君主用人必须先了解这个人的特殊才能，然后才能根据这特殊的才能授予合适的职位。"何勖认为袁甫说的话非常有道理，便任命他做了一名县丞。

wù chǎn fù   wù jiāo pín

勿谄富，勿骄贫，

wù yàn gù   wù xǐ xīn

勿厌故，勿喜新。

【注释】

勿谄富，勿骄贫：《礼记·坊记》"小人贫斯约，富斯骄，约斯盗，骄斯乱。"

故：旧的。

【释文】

不要讨好家境富裕的人，也不要看不起家境贫寒的人；不要喜新厌旧，这些都是不好的品质。

【故事】

救济穷困

三国的时候，有个人叫全琮。全琮的父亲名字叫全柔，全柔有一段时间出任湖南桂阳(今郴县)太守。他让自己的儿子回家时带上数千斛大米，到江浙一带出售。

全琮把米运到江浙后，看到当地有很多贫寒之人，于是将米全部赈济了穷苦人。全柔知道这件事后非常恼火。全琮见状，连忙跪在地上，边磕头边说："我觉得做这笔买卖，把米卖掉，并不是什么急迫的事。而那里有太多的人在忍饥挨饿，他们需要我们的帮助。"

全柔听了以后，觉得儿子全琮不仅有超人的才智，而且有着高尚的品格，于是对他更加器重。当时中原大乱，其中归附全琮的人数以万计。全琮照旧拿出所有的财产救济这些无家可归的人，并且与他们同甘共苦。

从此，全琮的名字传播四方，其怜悯穷弱，救济穷困的好名声也为人称赞。

rén bù xián　　wù shì jiǎo

人不闲，勿事搅；

rén bù ān　　wù huà rǎo

人不安，勿话扰。

【注释】

安：情绪稳定。

扰：打扰。

【释文】

当别人正忙着做事，没有空闲时，不要因为自己的事打扰别人；当别人心情不好时，也不要啰啰嗦嗦对别人说个没完。

【故事】

礼的作用

古时候，五台山下有个石岭关村，村里有一个倔老头，姓耿。耿大爷为人热心大方。

有一次，耿大爷在田中劳作。这时，一个年轻的小伙子过来冲着耿大爷就喊："刮地佬，葫芦山怎么走？"耿大爷一听心里就来了火，问道："你要到哪里？"

小伙子就大吼起来："哎呀，我到葫芦山谷！"耿大爷把"葫芦山谷"听成"火炉山谷"，就让他往西去。

太阳快落山的时候，小伙子又回来了，气喘吁吁地说："你怎么指路让我去了火炉山谷？"老耿头摸摸头皮，说："只怪耳朵不好使，没听清楚。"小伙吃了亏,忽然醒悟,他对耿大爷说:"老伯,是我态度不好!"

耿大爷见小伙认错态度真诚,忙说:"葫芦山谷往东,不太远,翻一座山就到了。"

小伙子连忙站了起来,向耿大爷施礼。老耿头忙阻止:"何必施此大礼?"

小伙子说:"哎!只为问路不施礼,便多走了四十里啊!"

rén yǒu duǎn　　qiè mò jiē
人有短, 切莫揭;

rén yǒu sī　　qiè mò shuō
人有私, 切莫说。

【注释】

短:缺点。
私:隐私。

【释文】

别人有缺点和短处,千万不要随便去揭露;别人有隐私,千万不要任意去宣传。

【故事】

桃 花 源

有一个渔夫,划着他的小船,顺着溪流前进,不知不觉,来到了一座桃花林。

小船穿过了桃林，迎面是一座山，山下有一个狭小的山洞，原来这儿正是溪流的源头。

渔夫从山洞中穿了进去。一出山洞竟然是另一番天地。

那儿有整齐的村舍，肥沃的农田，男女老少都生活得十分幸福。他们见了渔夫，便邀请他到村里去，杀鸡做饭热情招待。

村中的人们告诉渔夫：他们的祖先，为了躲避秦朝时的战乱才来到这里，安家落户，世代相传，时间长了就与外界完全断绝了来往。

所以他们根本不知道现在都已经是晋朝了。

村中的人家轮流款待他，渔夫住了好几天，才告辞回家。

临别时，村中的人们再三叮嘱，不要把桃花源的事告诉给外面的人。

可是，渔夫回去后，还是对别人说了这些事，很多人听说之后，都想去找这一方桃源乐土，但最终还是没有找到。

dào rén shàn　　jí shì shàn

道人善，即是善，

rén zhī zhī　　yù sī miǎn

人知之，愈思勉。

【注释】

道人善，即是善：《礼记·坊记》"善则称君，过则称己，则民作忠。……善则称亲，过则称己，则民作孝。"

愈：更加。

【释文】

称赞别人的美德，也是一种美德；别人听到你这样称赞他，就会愈加勉励自己。

【故事】

齐白石的教育方法

齐白石是我国杰出的书画家、篆刻家。他中年的时候，用了七八年的时间游历名山大川，画了很多写生山水画，成为我国著名的国画大家。

齐白石上课时，一位叫谢时尼的学生画了一张"梅鸡"的画稿，他很想得到老师的帮助，就毕恭毕敬地向白石先生请教。白石先生看了又看，说："你画的鸡实在太有味了，请借给我回去临摹一张好吗？"

那学生惊呆了，中外著名的艺术大师都这么赏识他的画作，这简直太令人鼓舞了。

第二天上课时，白石先生手捧一张临摹的画，竟然向谢时尼征求意见："你看我临摹得有什么不合适的地方吗？"

学生接过了画一看，上边还有一段文字呢！那段文字意思是说：你的那张画画得非常形象，与你的画稿交换，你是否同意呢？谢时尼看了后十分感动。白石老人不愧为一名好老师，他的鼓励与称赞的教育方式富有成效，因此，在他的学生中出了很多有名的画家。

yáng rén è　　jí shì è
扬人恶，即是恶，

jí zhī shèn　　huò qiě zuò
疾之甚，祸且作。

【注释】

扬：张扬。

且：将安。

【释文】

张扬别人的恶行，说别人的坏话，也是一种恶行；一味地痛恨别人，就会招来祸端。

【故事】

因骂致祸

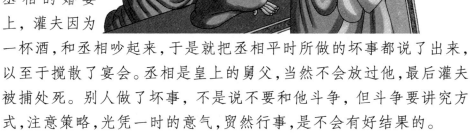

灌夫是汉朝的一名将军，勇猛善战，嫉恶如仇。他有一个缺点，就是脾气太直，说话不分场合，不讲究方式。他和当时的丞相隔阂很大，有一次，在丞相的婚宴上，灌夫因为一杯酒，和丞相吵起来，于是就把丞相平时所做的坏事都说了出来，以至于搅散了宴会。丞相是皇上的舅父，当然不会放过他，最后灌夫被捕处死。别人做了坏事，不是说不要和他斗争，但斗争要讲究方式，注意策略，光凭一时的意气，贸然行事，是不会有好结果的。

shàn xiāng quàn　　dé jiē jiàn
善 相 劝 ， 德 皆 建 ；
guò bù guī　　dào liǎng kuī
过 不 规 ， 道 两 亏 。

【注释】

相劝：相互规劝。

建：提高和完善。

【释文】

好友之间相互规劝，力尽善行，双方的品德都会得到提高和完善；如果朋友有过错，却不加规劝，双方的品德都会有所亏损。

【故事】

择善友的重要

楚国有一个善于相术的人，判断人的善恶吉凶从来没有失过手，声名很高。

楚庄王听说这个奇人，就召见他，问他有什么秘诀，他说："我并没有多么高明的秘诀，给人看相，我只不过是善于观察他的朋友罢了。看普通的平民百姓，如果他的朋友都孝悌忠厚，谨守法令，那么他的家业一定越来越兴旺，日子也会越过越舒坦。看做官的人，如果他的朋友都忠实可靠，品德高尚，力尽善行，那么他办事一定越来越顺利，官职也会越升越高。"可见，择善友是多么的重要。

fán qǔ yǔ　　　guì fēn xiǎo
凡取与，贵分晓，
yǔ yí duō　　　qǔ yí shǎo
与宜多，取宜少。

【注释】

取与：索取和给予。

分晓：轻重。

【释文】

索取和给予两者要分清轻重；给予和奉献的应当多一些，而索取应当少一些。

【故事】

柳青与《创业史》

柳青是我国当代著名作家。他外表平凡，穿着质朴，不尚荣华。不论是谁，初次与他相见，都会格外关注他那双炯炯有神的眼睛。从这双明目中，人们都会感到他的内心世界。

有一天，他和乡党委书记董廷枝谈完了工作，老董刚要出门，就被他一把拉住了。

老董很惊奇，不解地看着他，他却非常从容地说："你去和别的几位干部商量一下，看看这点小意思能为大家做些什么事。"

老董瞧了瞧那张纸，呵！原来是一张汇款单，一张一万六千多元的汇款单！这是柳青写《创业史》第一部的全部稿酬。他非常激动地对柳青说："这怎么行呢！柳书记，难道你就一点不留吗？"

听到老董的话，柳青笑了。他对老董说："你瞧，这是多么合理的事情，取之于民，用之于民嘛！"

后来，老董代表全乡接受了这笔钱，也接受了柳青同志对人民的真诚心意，并把那笔钱全部用之于民。柳青同志作《创业史》耗尽心血，却把得到的稿费全部赠给人民群众。这种只讲奉献，不图名利的精神，令人敬佩。

jiāng jiā rén　　xiān wèn jǐ
将 加 人， 先 问 己，

jǐ bú yù　　jí sù yǐ
己 不 欲， 即 速 已。

【注释】

己不欲：《论语·颜渊》"已所不欲，勿施于人。在邦无怨，在家无怨。"

已：停止。

【释文】

在打算怎样要求别人之前，应当先问问自己；如果自己都不愿去做，就应当马上停止要求别人。

【故事】

曹操的宽容

东汉末年，曹操在和袁绍作战时，处于下风，他的许多部下对胜利没有信心，都和袁绍进行联络，以防曹操失败后自己好有个出路。后来经过官渡之战，曹操打败了袁绍，从袁绍那里缴获了这些书信，曹操看也不看，就让人烧毁了。有人问曹操，为什么不查查是哪些人和袁绍勾结。曹操说："这些跟我打仗的人谁没有家庭儿女，谁在绝望时也会找出路。当时，我也没有信心，何况他们？所以，不能去追问了。"曹操在这里遵循了推己及人的原则。当时连自己都没有信心，怎么去要求别人呢！

为他人着想

西晋时有个人叫庾亮,字元规,为人正直,遵守礼节。

有一段时间,庾亮被朝廷任命为司徒,兼扬州刺史录尚书省事。上任的途中,庾亮骑的马上有白色的斑点,这在当时是被看作不吉利的事情。

下官殷浩认为,这样的马对自己的主人很不吉利,所以苦口婆心地劝庾亮将这马卖掉,再换一匹。

庾亮却回答说:"世上哪有把自己认为是危险不吉的东西转移给别人的道理?"

殷浩听了之后,顿时哑口无言,惭愧地退出了屋门,悄悄地离开了。

ēn yù bào　　yuàn yù wàng
恩 欲 报 ， 怨 欲 忘 ，
bào yuàn duǎn　　bào ēn cháng
报 怨 短 ， 报 恩 长 。

【注释】

恩:恩惠。

欲:要,应该。

【释文】

得到别人的恩惠，就要想方设法去报答，而和别人结怨就要想方设法去忘掉。报怨要短时而过，报恩应长记不忘。

【故事】

知恩图报

刘邦为了扩大势力，攻打河南北部。途经阳武县时，有个叫张苍的人投奔军中，后又随军过了黄河，攻打南阳。这时张苍不经意触犯了军法，依据情节，应当处以死刑。行刑的时候，张苍脱去了衣服，赤裸着身子趴在了刑具上。刘邦的大将王陵一见顿生爱怜，觉得这是一员干将，杀了实在是可惜，就劝刘邦说："这个人应当被赦免！"刘邦采纳了王陵的建议，立即将张苍释放了。

张苍后来做了很大的官，从御史大夫一直做到了宰相。不过他没有一天不感激王陵，待他就像自己的再生父亲一样。王陵去世后，张苍对王陵的家人更为关照。每逢斋戒沐浴之后，他第一个拜访的就是王陵夫人，只有看着王陵夫人把饭吃好，自己才敢告辞。

报德忘怨

吕蒙正是宋朝名臣，为人正直善良。

有一次，朝廷要任命高官，许多大臣都极力推荐他，但有一位大臣却极力反对，并说了吕蒙正许多坏话。经过多次讨论，皇帝还是任命了吕蒙正。过后，有位朋友为吕蒙正遭人非议忿忿不平，告诉他这些情况，并要告诉那人的姓名。吕蒙正劝阻了朋友，他说："我们不能因为私人恩怨与他争吵，如果知道他是谁，就会终身忘不了那人的过错。我不追问那人的姓名,也是为了以后能大公无私,秉公办事,个人的委屈能算什么呢!

dài bì pú   shēn guì duān

待婢仆, 身贵端,

suī guì duān   cí ér kuān

虽贵端, 慈而宽。

【注释】

待婢仆:《礼记·儒行》"温良者,仁之本也。敬慎者,仁之地也。宽裕者,仁之作也。"

端:端庄,端正。

【释文】

对待婢女和仆人,要注意用自身的品德让他们畏服,即使做到了这些,还应当用仁慈、宽厚的态度对待他们。

【故事】

宽厚的长者

金代有个人,名字叫韩昉,仁慈宽厚,曾经做过开府仪同三司的官。

有一次,韩昉家里雇用了一名家仆,不知什么原因,这个家仆突然诬告韩昉,说韩昉让有罪的犯人骑着自己的马逃出国境了。

官府经过认真的调查了解,此事纯属子虚乌有。于是官府就把这名家仆交给了韩昉,听由他亲自处置。

然而，韩昉不但没有对这名家仆进行处置，反而对他和以前一样。这让很多人惊奇。有人问他为什么这样对待那个下贱的小人。韩昉说："他编造谎言，诬陷自己的主人，其目的就是想立功，借以改变自己作为奴仆的地位而已，这有什么值得奇怪的呢？"当时的人们听说后，全都称赞韩昉是宽厚的长者。

shì fú rén   xīn bù rán
势服人，心不然，
lǐ fú rén   fāng wú yán
理服人，方无言。

【注释】

然：对，这里指以为然。
无言：心服口服。

【释文】

以权势服人，别人表面上做出服从的样子，但内心并不真的服气；如果用道理说服人，别人自然会心服口服。

【故事】

周厉王的下场

周厉王是西周的末代君王。他生性暴虐无道，国人因而对他有诸多非议。

周厉王便派卫巫监视百姓的言行，遇到有诽谤国君的，就以死罪论处。召公见状，深为不安，便用"防民之口甚于防川"的道理加以规劝,周厉王不听劝告,继续我行我素。不仅如此,他还信任奸臣荣夷公,横征暴敛,祸害百姓。周厉王听信荣夷公,下令圈围山泽,不允许任何人进入山泽之中从事采集和渔猎活动,凡是违禁之人,必然受到严重的刑罚。

周厉王的种种恶行使百姓因此失去了生存的根本,民怨四起,诸侯也不再效忠于周室。周厉王企图以强势压服国人,不料最终却众叛亲离,落得了被百姓流放的悲惨下场。

tóng shì rén　　lèi bù qí
同是人，类不齐，
liú sú zhòng　　rén zhě xī
流俗众，仁者稀。

【注释】

不齐：名不相同。

仁者：品德高尚的人。

【释文】

同是在世上做人，但品德高下却不尽相同，品德一般的俗人太多了，而品德高洁的贤人又太少了。

【故事】

孔子的业绩

《史记》记载，鲁国从大夫以下的人都偏离正道，品行不端，因此孔子没有出任官职，在家中潜心修撰古书典籍，弟子越来越多。孔子生活的时代，恰逢周王室势力衰微，礼乐制度随之崩溃废除，《诗经》、《尚书》等古代典籍也有所缺损。孔子便追溯和探究夏、商、周三代的礼仪制度，为《尚书》作序和注释。

孔子编旧书而录文明，创私学而传六艺，立新学而惠后世。孔子功高盖世，无人能比。孔子所创立的儒家学说对后世影响深远，为整个中华民族整体性格的形成和中华文化的成型作出了不可磨灭的贡献。

guǒ rén zhě　　rén duō wèi
果仁者，人多畏，
yán bú huì　　sè bú mèi
言不讳，色不媚。

【注释】

果仁者，人多畏：《论语·子张》"子夏曰：'君子有三变：望之俨然，即之也温，听其言也厉。'"

讳：忌讳。

【释文】

果真是品行高洁的人，人们自然都敬畏他；这种人说话时直言不讳，也不会去讨好巴结别人。

【故事】

王旦与寇准

宋代时，王旦和寇准同朝为官。两人经常因为意见不同而发生冲突。一次，王旦派人给寇准送公文。因为体例不合，寇准便将此事禀报给了皇帝。王旦被皇帝批评了，连他的下属也因此挨了罚。

没过多久，寇准给王旦送去的公文也出现了体例不合的情况。王旦的下属们都认为这回可以报复一下寇准了。没想到，王旦只是派人把公文送还给寇准，让他修改后再送过来。在王旦任宰相期间，寇准经常在皇帝面前说王旦的坏话。而王旦却在皇帝面前说了不少寇准的好话。

时间长了，连皇帝也替王旦打抱不平，对他说："你总是替寇准说好话，为什么他却总说你不好？"王旦听了，说："因为我管事久了，肯定会有不少过失。寇准直言无隐，可见他是个忠直的大臣啊。"有一年，寇准被免去了枢密使的职位。他私下托人请求王旦，想让他提拔自己为相。但王旦不同意，说："国家将相的重任，怎么可以自己要求呢？"

寇准知道后，心里非常不舒服。可没过多久，他就被任命为节度使。寇准心怀感激地叩谢皇帝任用自己。皇帝却说："这都是由于王旦的推荐啊！"原来，王旦虽然不接受寇准的私人请求，但大公无私地向皇帝推荐寇准,让他担任节度使一职。

寇准知道后,既羞愧又感叹,这才承认自己有不及王旦之处。

néng qīn rén　　wú xiàn hǎo
能亲仁,无限好,

dé rì jìn　　guò rì shǎo
德日进,过日少。

【注释】

亲仁:亲近品行高洁的人。

无限好:有着无限的好处。

日进:一天天得到提高。

【释文】

能够亲近品行高洁的人,有着无限的好处,品德会因此一天天得到提高,过错会因此一天天减少。

【故事】

孟子与滕文公

亚圣孟子生活在历史上最为动荡混乱的战国时期。身处战乱之中,孟子用心学习孔子之道,继承了儒学的精髓。

为了推行仁政,孟子便效仿孔子率弟子周游列国,游说诸侯,不料结果和孔子如出一辙,四处碰壁。但滕文公却是他所遇到的一个例外。

滕文公作太子时,跟随老师和朋友出使楚国,途经宋国,听说孟子正在宋都彭城，便急忙去拜见，从此两人结交。滕太子举止文雅，谈吐不凡，一见面就给孟子留下了良好的印象。

在彭城逗留期间，太子虚心求教，孟子也极热情地给他讲解"人性本善"和"尧舜之道"。二人经常促膝交谈至深夜。

一个月后，滕太子出使归来，带着一系列问题又重访孟子。孟子综合了他的各种困惑，

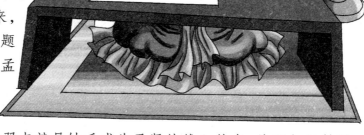

发现他最大的弱点就是缺乏成为圣贤的雄心壮志，从而加以勉励。

滕太子和孟子的这段友谊，是一段历史美谈。滕文公由于结交孟子这位大仁大义的学问家，自己的品德和才学也得以不断提高，真是"能亲仁，德日进"！

bù qīn rén　　wú xiàn hài
不亲仁，无限害，
xiǎo rén jìn　　bǎi shì huài
小人进，百事坏。

【注释】

小人：品质恶劣的人。

坏：办坏。

【释文】

不亲近品行高洁的人，对自身有无限的坏处；如果品质恶劣的人靠近你，什么事都会办坏。

【故事】

选择交友

三国的时候,有个叫刘廙的人。刘廙的弟弟刘伟同魏讽的关系非同一般,两人堪称铁哥们。

刘廙真诚地告诫弟弟:"交朋友的最高目的在于得到一些有贤能的人才。因此,对周围的人是否结交,必须进行周详的考察,然后才可做出决定。然而一般人交朋友却并不考虑这些,对所要结交的人并不进行仔细的审察和选择,只要是和自己想法一致,便不论贤愚善恶都不加选择地结交。这种交友的方法,其危害是相当大的。它不仅违反了先贤们关于一个人如何交友的教诲,而且也不是自己修身养性,彰显仁义的方法。我看魏讽这个人从不注意修养自己的品德言行,道德低下,喜好结交一些不三不四的人,是一个华而不实,扰乱社会,沽名钓誉的家伙。你应该懂得谨慎从事,不要再同他交往了!"

刘伟并不听从哥哥的规劝,继续和魏讽来往,后来果然因为魏讽而招致了大的灾祸,追悔莫及。

五、行有余力则以学文

bú lì xíng   dàn xué wén
不力行，但学文，

zhǎng fú huá   chéng hé rén
长浮华，成何人？

【注释】

不力行：《中庸》"好学近乎知，力行近乎仁，知耻近乎勇。知斯三者，则知所以修身，知所以修身，则知所以治人。知所以治人，则知所以治天下国家矣。"力行：埋头苦干。

长：增长。

【释文】

只知道死啃书本，却不知道身体力行，亲身实践，长此以往，只能使自己华而不实，那么会使自己有什么出息呢？

【故事】

只会啃书本的刘羽冲

从前，有一个叫刘羽冲的人，他非常爱看书，而且十分迷信古书上的学问。他认为，只要是书上写的内容就一定是正确的。

一次偶然的机会，刘羽冲得到了一本兵书。他把这本书整整研究了一年,认为自己已经弄清所有的理论,可以率领十万大军了。

恰好当时一个地方有人聚众作乱,刘羽冲便率领一队民兵前去镇压。但是他只知道照搬书上的理论,结果全军覆没,他自己也差一点被捉了去。

又过了一段时间,他找到一本专门讲修水利工程的书。这回他又认真研究了一年,然后凭想象画了一张水利图。

他将水利图拿到州官面前,大讲修水利的好处。州官听了,觉得这个主意不错,也没有仔细考察,就让他去修水利了。

刘羽冲来到农田附近的江边,不看水势,不问往年的降雨情况,不听当地农民的意见,就叫人按他所画的水利图开始动工。

渠道竣工后,没使用多久就被汹涌的洪水冲垮了,农田也变成了一片汪洋。刘羽冲为此百思不得其解,摇头自语道:"古人岂欺我哉!"

dàn lì xíng   bù xué wén
但力行, 不学文,
rèn jǐ jiàn   mèi lǐ zhēn
任己见, 昧理真。

【注释】

但力行:《礼记·学记》"玉不琢,不成器,人不学,不知道。是故古之王道,建国君民,教学为先。"

任:凭着。

昧:昏暗。这里指明白道理。

【释文】

只知道埋头苦干,不知道学习文化知识,只凭着自己浅陋的见识,永远不会通晓真正的道理。

【故事】

狂妄自大

明朝万历年间，有个叫马绍良的官员，非常高傲自负。有一天，皇上让他进宫赏诗。马绍良不知道这是皇上的诗作，但见其中有两句是："明月上竿叫，黄犬宿花蕊。"就不假思索地说："此诗不通。明月怎能上竿叫，黄犬怎能宿花蕊呢！"

马绍良拿起朱砂笔来，"刷刷刷"将两句诗改了二个字，将原先的诗句变成了"明月上竿照，黄犬宿花荫。"

皇上看了，微微一笑，遂将马绍良官降三级，贬到福建漳州任太守。

马绍良自觉晦气，只好携带着家眷离京赴任。这天，他走到福建南部一座山岭下，正在停脚休息，但见花蕊中有一条黄绒绒，胖乎乎的小虫。

他就问轿夫："这是什么虫子？"

轿夫告诉他："大人，这叫黄犬虫，习惯往花蕊里钻。"

到了傍晚，马绍良住进了山中一处客店。这时，天上不断传来鸟儿悦耳的鸣叫声。他便到店主那里询问，这才知道是明月鸟，此鸟月上中天才开始叫，故叫明月鸟。马绍良听了，恍然大悟。

马绍良年逾古稀，方复官归乡，他特别悔恨自己年轻时的狂妄自大。

dú shū fǎ　　yǒu sān dào
读书法，有三到，
xīn yǎn kǒu　　xìn jiē yào
心眼口，信皆要。

【注释】

读书法，有三到：宋·朱熹《训学斋规》"余尝谓读书有三到，谓：心到，眼到，口到……三到之中，心到最紧。心既到矣，眼口岂不到乎？"

信：确实。

【释文】

读书的方法，讲究三到，即心到，眼到，口到。心到就是用心去想，眼到就是仔细去看，口到就是专心去读。这三条确实都很必要。

【故事】

三顾茅庐

刘备驻军在新野，司马徽和徐庶都向他推荐诸葛亮，说诸葛亮可以帮他平定天下。

刘备便带着关羽和张飞去拜见诸葛亮。他们翻山越岭，终于找到了诸葛亮居住的地方。可是诸葛亮不在家，出去游玩去了。他们三个人在门外等了很长时间,还不见主人回来,就垂头丧气地回去了。

过了一些日子,他们又来了。没想到一问童子,说先生又到外面游玩去了。

张飞气得直跺脚,说把诸葛亮抓到营地不就行了吗?刘备批评了他,就又回去了。

这一天,大雪纷纷,天气很冷,他们三个人又来了,可是诸葛亮正在家睡大觉呢。刘备怕惊扰了他,就在门外等。

过了好久,三个人都快冻僵了,才终于等到诸葛亮醒了。诸葛亮看他们在门外等了那么长时间,可谓有诚心和敬意,就把他们迎了进来。

后来,诸葛亮为刘备出谋划策,打了不少胜仗。

fāng dú cǐ   wù mù bǐ
方读此, 勿慕彼,

cǐ wèi zhōng   bǐ wù qǐ
此未终, 彼勿起。

【注释】

方:正在。

慕:想着。

【释文】

正在读这本书的时候，不要心想着别一本书；这一本书没有读完，就不要开始读另一本书。读书贵在用心专一，不要三心二意。

【故事】

脚踏实地

邓子诚是一位史学家，字文如，号明斋，早年毕业于云南两级师范学堂。

1917年后，邓子诚任《新晨报》总编数年，然后又先后任北京大学、北京师范大学、燕京大学教授。

从1930年起，邓子诚就潜心书史，专以授徒著述为职。他所藏的书多是明末清初之人集部和清代禁书，也喜欢风土民俗资料，平生嗜书如命。

老先生对读书治学颇多见地。他常说："做学问要老老实实，要脚踏实地去做，不要弄虚作假，自欺欺人。要熟读几本最基本的书，

每读一本，要从头到尾地读，不要半途而废；读完一本，再去读第二本。"

正是本着这样一种治学和读书的精神，邓子诚先生才成了一名学识渊博的历史学家。

kuān wéi xiàn　　　 jǐn yònggōng
宽为限，紧用功，

gōng fū dào　　　　 zhì sāi tōng
工夫到，滞塞通。

【注释】

宽：时间充裕。
滞：阻滞。

【释文】

读书学习，时间要安排得多一些，但是仍然要抓紧用功。只要功夫到了，困惑自然就迎刃而解了。

【故事】

一代宗师王国维

王国维是我国近代著名的史学大师，浙江海宁人。王国维年少的时候，家里世传有五六箧的书籍，王国维利用每天傍晚从私塾回来以后的时间，将这些书读完了。后来他受到康梁维新思想的影响，产生了"自奋新学"的念头。他一面充当私塾教师，一面奋进自学。

1901 年他从日本学成归来，到上海任杂志编辑。他把编辑才学、读书和著述结合起来，出版了平生第一本书《静庵文集》。

中年后，他进入了"众里寻他千百度，那人却在灯火阑珊处"的第三种境界，学术天地豁然开朗。

王国维先生一生清寒，但却治学不辍，所以成了一代宗师，受人敬仰。

xīn yǒu yí   suí zhá jì
心有疑，随札记，
jiù rén wèn   qiú què yì
就人问，求确义。

【注释】

札记：分条记录，作为参考的文字。

确：确确实实。

【释文】

学习时碰到不解和疑问，就要把它记下来，如果有机会向别人请教，应当确确实实地弄清楚。

【故事】

李时珍与《本草纲目》

李时珍在行医之时,刻苦攻读《内经》、《伤寒论》及各家《本草经》等古典医书,发现谬误和疑误就记下来。

同时,他还向"蕲州四大名门"之一的郝守道借书,读尽了其家藏医药之书,"读书十年,不出户庭"。因为历来本草著作多有误,他便立志重修本草。

然而,李时珍认为,要重修本草,仅"读万卷书"远远不够,还须深入实际。于是他就背上行囊出门遍访名医宿儒,观察和收集药物标本,足迹遍及大江南北。

后来,李时珍终于在晚年修成了一部一百余万字的医药学经典巨著《本草纲目》。

fáng shì qīng   qiáng bì jìng
房室清，墙壁净，

jī àn jié   bǐ yàn zhèng
几案洁，笔砚正。

【注释】

清：清洁。

净：干净。

几案：桌子。

【释文】

书房要清洁，安静，墙壁要干净，书桌应当整洁，笔墨纸砚等文具要放端正，这是一个读书人应当做到的。

【故事】

修饰与学问

北朝有个人名字叫封轨，学识广博，通晓各种经、史典籍。他性格坦直，节操高尚，自己的书房、卧室都收拾得十分整洁。有人对封轨说："有知识的人是不需要打扮和修饰的，才学自然会得到世人的赞赏和肯定。您是个有才有能的贤士，为什么偏偏要这样做呢？"

封轨听了之后，哈哈一笑说："高尚的人使自己的衣服帽子整洁美好，行为庄重，是礼节所要求的。为什么非要把那些蓬头垢面的人称作高尚的君子呢？"质问他的那个人听了之后，哑口无言。

mò mó piān　　xīn bú duān
墨磨偏，心不端，

zì bú jìng　　xīn xiān bìng
字不敬，心先病。

【注释】

心：心态。

病：私心杂念。

【释文】

研墨时如果磨偏，那就是因为心不在焉；如果写字写不端正，那就是因为你还有私心杂念。学习贵在专心致志。

【故事】

苍天不负有心人

颜真卿是我国唐朝时的伟大书法家。

颜真卿刚刚三岁时，父亲就突然因病去世了，剩下了他和母亲艰难度日。

颜母是一个既善良又坚强的女子，生活虽然艰难，但她要求孩子却十分严格。

颜真卿从四岁就开始学习写字，到了五六岁的时候，他对写字已经产生了浓厚的兴趣。

由于家中贫苦，母亲没有钱买纸墨供他写字之需。而小真卿善解人意，他理解母亲的苦衷。

他没有告诉母亲，独自到外面挖了很多的黄土，又用水把黄土搅和成了稀泥，然后把自

己家的墙壁擦得干干净净，拿着刷子蘸了稀泥在墙壁上练字。

　　他写字特别认真，写完了一墙壁，就用水将墙壁冲刷干净，接着写。他每天坚持写几墙壁的字，从不间断。最终苍天不负有心人，他练就了一手好字，名扬四海。

liè diǎn jí　　　　yǒu dìng chù
列典籍， 有定处，
dú kàn bì　　　huányuán chù
读看毕， 还原处。

【注释】

　　列：放置。
　　毕：结束。

【释文】

　　放置书籍，应当有固定的地方，当读完之后，应当放回原处。因为这样方便查找，节省时间和精力。

【故事】

刘氏父子

　　刘向、刘歆父子是汉朝时人，同是我国著名的经学家和目录学家。

　　河平三年(公元前26年)，刘向受命开始了我国历史上第一次大规模的校书活动。

　　当时官府所征的图书大多零乱残缺，刘氏父子延请专家学者，分工协作,校订图书。

刘向去世后,刘歆继承父亲的遗志完成这项浩大的工程,著成《七略》一书,记录图书一万三千余卷。刘氏父子校订皇家藏书的过程,也是自身博览群书的过程。两人为整理我国文化典籍作出了卓越的贡献。

ssuī yǒu jí juǎn shù qí
虽有急, 卷束齐;
yǒu quē sǔn jiù bǔ zhī
有缺损, 就补之。

【注释】

卷束齐:卷,卷帙,书本。束,捆绑。齐,整齐。
补:修补。

【释文】

我们应当爱护书籍,就算是遇到紧急的事情,也要先把书放置整齐,如果发现书页有缺损,还应该马上将它修补好。

【故事】

书就是生命

谢国桢是我国现代著名的藏书家和目录学家。他一生爱书成癖,藏书、读书、著书,到年老也没有停止过。

谢国桢每次得到好书都欣喜不已,而且不畏劳苦,为所得图书著录。

谢国桢先生的书斋名为"瓜蒂庵",十年动乱中,先生受到很大冲击,但仍冒着极大的风险,著录不辍,他说:"我没有了书,也就没有了生命,活着还有什么意思呢?"

晚年,他将自己毕生珍藏的图书和文物都捐献给了中国社会科学院历史研究所。

fēi shèng shū　　píng wù shì
非 圣 书， 屏 勿 视，
bì cōng míng　　huài xīn zhì
蔽 聪 明， 坏 心 志 。

【注释】

圣书:指儒家经书。

屏:屏蔽。

【释文】

不是好书益书,应该丢掉,不要去看,因为这样的书会淹没你的才智,损害你的思想与志向,危害很大。

【故事】

外在与内在

相貌俊俏,服装入时的姑娘,应一位英俊小伙子之邀作舞伴。

"你太美了!"小伙子有些陶醉。

"是吗?"姑娘露出了洁白的牙齿。

"对诗词感兴趣吗?"

"很感兴趣。"

"喜欢苏东坡的呢,还是郭小川的?"

"都很喜欢,不过最喜欢景德镇的。"

小伙子有些茫然。

"你好像有些心事?"姑娘的脸变得微红。

"今天单位举行知识抢答赛,富士山在哪儿我没有想起来,很遗憾!"

"你太粗心了,冷静地想一想,把它放哪儿了?"

小伙子彻底呆了,他看着风流俊俏的姑娘,轻轻地说:"我有点头晕,对不起,该休息了!"

wù zì bào wù zì qì
勿自暴,勿自弃,

shèng yǔ xián kě xùn zhì
圣与贤,可驯致。

【注释】

勿自暴,勿自弃:《孟子·离娄上》"言非礼义,谓之自暴也;吾身不能居仁由义,谓之自弃也。"

驯致:驯,渐进,逐渐。致,达到。

【释文】

不要说话不讲道理,也不要行事胡作非为,这是文人的大忌;不要自暴自弃,高尚的品德和出众的才华,都是可以慢慢培养起来的。

【故事】

顾欢与《麻雀赋》

南朝时有个人,名字叫顾欢。他出身卑微,家境贫寒,却自幼十分喜爱读书。因为家中穷,无钱供他上学,每逢农忙时,就让他到田里干些力所能及的农活。

有一次,父亲派他到田里看护将要成熟的庄稼,以免麻雀偷食,谁料到顾欢却诗兴大发,竟然在地头写了一篇《麻雀赋》,等到他回家时,稻子已经被麻雀吃去大半。

父亲知道后,特别生气,就想动手打他,但看到顾欢的《麻雀赋》,怒气顿消。村中有座学堂,顾欢不能入内学习,便站在学堂墙外偷听。

二十岁后,他赴豫章郡向当时的名儒雷次定求教,努力钻研五经经义,后来终获成功,成了当时著名的大学者。

千字文

tiān dì xuánhuáng　　yǔ zhòuhónghuāng
天地玄黄，宇宙洪荒。

rì yuè yíng zè　　chén xiù liè zhāng
日月盈昃，辰宿列张。

【注释】

玄：黑红。《易·乾》："天玄而地黄。"

洪荒：远古时代。

盈：月圆。昃：太阳偏西。

辰宿：星宿。列：陈列。

【译文】

天是黑色的，地是黄色的，广阔的天地形成于远古的混沌时代。日出日落，月圆月缺，很有规律，星辰遍布于辽阔的天穹。

【故事】

盘古开天地

　　相传，在很久很久以前，天和地其实不像我们现在所看到的那样，彼此分开，而是连在一起，就像一个大鸡蛋那样悬于天空中，天与地的结合体里面漆黑混沌。

　　在这个统一的漆黑混沌体中睡着一个叫盘古的巨人，经历了一万八千年后他醒来了。

　　醒来后的盘古觉得在这环境中生活十分憋闷，于是手拿巨斧，挥动双臂把"鸡蛋"劈开，里面清净的阳气变成头上的天，浑浊的阴气形成了脚下的地，这也是"天父"和"地母"一说的由来，天代表阳，地代表阴。

　　天地分开之后。由于天与地之间存在着巨大的吸引力，天与地仍有合在一起的趋势，为了把天地的分开状态固定住，盘古就每天长高一丈，就这样持续了一万八千年。

　　此时，天地之间的距离已经足够大，天与地已经没有了合在一起的可能性，于是天地也就终于固定下来了，形成了今天我们所看到的状态。

原来生活在黑暗之中的人和各种各样的动物也就得以生活在天地之间的光明之中。

盘古死后,他的身体的各个部分分别变成了今天的日月星辰、江河湖泊、大地森林、高山大川。

据一些古书上说,天上的日月星辰是由他的毛发变化而来的,江河湖泊则是由其身上流淌的血液转变而来的,大地、高山大川则是由他的肉变化而来的,可以说盘古把自己的一切都奉献给了新诞生的世界。

盘古开天地的说法,来源于远古先民们天圆地方的直观感受,在当时的科学技术条件下,视野有限,无法探知天地起源的根本动力之所在,于是就在头脑中形成了一个开天辟地的英雄形象——盘古,并把盘古作为开创新世界、开拓新的生存空间的英雄加以敬仰。

hán lái shǔ wǎng　　qiū shōu dōng cáng
寒 来 暑 往 , 秋 收 冬 藏 。
rùn yú chéng suì　　lǜ lǚ tiáo yáng
闰 余 成 岁 , 律 吕 调 阳 。

【注释】

闰:余数。历法纪年与地球环绕太阳运行一周的时间有一定差数,所以每隔数年必设闰日或闰月加以调整,使四季正常运行。

律吕:我国古代有阳律、阴律各六,合称十二律。阳六称律,阴六称吕。这里指用律吕来调和阴阳,使时序正常。

【译文】

　　春夏秋冬四季循环，冬天寒冷夏天炎热，秋天收割粮食，冬天储存于库。历法用闰日闰月来调整，乐律里有六律六吕配合十二个月来调节阴阳。

yún téng zhì yǔ　　　lù jié wéi shuāng
云　腾　致　雨，　露　结　为　霜。
jīn shēng lì shuǐ　　　yù chū kūn gāng
金　生　丽　水，　玉　出　昆　冈。

【注释】

　　丽水：金沙江。
　　昆冈：昆仑山。

【译文】

　　乌云升腾可以化作雨水，露水遇寒可以凝结成霜。金沙江里出产黄金，昆仑山上出产美玉。

【故事】

隋　侯　珠

　　传说古代南方有一个叫隋侯的诸侯，有一次，他在出访齐国的路上，看见一条小蛇在沙堆中打滚，身上还留着鲜血。

　　隋侯觉得它很可怜，下马把它放进了水里。访问结束后，隋侯从齐国返回，途经那片沙滩时，看见一个小孩手捧着一颗明珠要献给他,但隋侯没有接受就回国了。

几天后,隋侯梦见那个小孩捧着明珠站在他的面前,并说明自己是小蛇的化身,今天是专门来报救命之恩的。

隋侯觉得有些奇怪,第二天醒来,果真发现床头有一颗夜明珠。后来人们便称这颗明珠为"隋侯珠"。

jiàn hào jù què　　zhū chēng yè guāng
剑号巨阙, 珠称夜光。
guǒ zhēn lǐ nài　　cài zhòng jiè jiāng
果珍李奈, 菜重芥姜。

【注释】

巨阙:剑名。据说越王允常令欧冶子铸宝剑五把,其中最好的一把叫巨阙。

夜光:珠名,夜光珠即隋珠。

李:李子。奈:一种沙果,俗称花红。

【译文】

最有名的剑是巨阙剑,最珍贵的明珠是夜光珠。水果中的珍品是李子和花红,蔬菜中的珍品是芥菜和生姜。

hǎi xián hé dàn　　lín qián yǔ xiáng
海咸河淡, 鳞潜羽翔。
lóng shī huǒ dì　　niǎo guān rén huáng
龙师火帝, 鸟官人皇。

【注释】

鳞：泛指鱼类。

羽：泛指鸟类。

龙师：传说伏羲氏以龙为百官命名，人称龙师。火帝：传说神农氏以火为百官命名，人称火帝。

【译文】

海水是咸的，河水是淡的，鱼儿在水中游动，鸟儿在天空飞翔。伏羲氏以龙命官称为龙师，神农氏以火命官称为火帝，少昊氏以鸟命官称为鸟官，接下来是天皇、地皇、人皇。

【故事】

我们的地球

地球是人类的生命家园。人类所居住的地球，是太阳系中的九大行星之一。

有一种说法是地球上七分海洋，三分陆地，也就是说地球是由海洋和陆地组成的，海洋所占地球表面积约为 70%，而陆地只占30%。

目前的科学探测表明：八个行星之中，地球是唯一有生命的星球，这应当归功于地球有适宜生物生长的温度、水分、空气。地球的陆地表面千差万别，有平原，有丘陵，有沙漠，有高山。

正所谓"一方水土养一方人"，无论平原丘陵，也无论高山大川，只要有生存的条件，就有生命的存在，于是地球上形成了多样的民族、多样的民族文化、多样的地域风情。

自从几百万年前，这个星球上有了人类，地球的面貌就不断地被人类所改变，一直到今天这个样子。科学研究发现表明，地球上的生命起源于海洋，自低级的细胞开始，由简单到复杂，种类由少到多，最终形成了今天这样的丰富多彩的大千世界。地球只有一个，它是我们这个星球上所有生命共同的家园。

大气污染、土壤污染、海洋污染，瘟疫、饥荒、贫困、战争，种种的不良现象在我们的地球上接连不断地发生，脆弱的地球经受不起如此沉重而又致命的打击，我们的地球正在变得千疮百孔。

保护地球——我们的家园，也就是保护我们自己的生命。

shǐ zhì wén zì　　nǎi fú yī shang

始制文字，乃服衣裳。

tuī wèi ràng guó　　yǒu yú táo táng

推位让国，有虞陶唐。

【注释】

推位让国，有虞陶唐：传说尧禅位与舜，舜禅位与禹。舜封地于虞，尧始封于陶，后封于唐，所以有虞陶唐之称。

【译文】

黄帝的史官仓颉发明文字，黄帝的妃子嫘祖始作服装。把君位让给贤人的，是尧帝和舜帝。

【故事】

禅　让　制

禅让制是我国原始社会末期实行的一种帝位取得方式，它的具体做法是年老力衰的部落联盟盟主推举年轻有为、又有威望和群众基础的新的继承人，成为部落的新领导。

这种推举方式和后代的世袭制家天下的做法相比，具有一定的民主性。但是，这种禅让制作为一种民主推选领导人的做法并非是对全体部落成员适用的。

历史资料显示，这种推选方式仅仅在部落贵族成员之间进行，并非传统观点所认为的是在全体部落成员之间进行的一种领导人的产生办法。

diào mín fá zuì　　zhōu fā yīn tāng

吊民伐罪，周发殷汤。

zuò cháo wèn dào　　chuí gǒng píng zhāng

坐朝问道，垂拱平章。

【注释】

吊：慰问。

伐：讨伐。

周发：周武王姓姬名发。灭商纣王而建周朝。殷汤：商汤，灭夏桀王而建商朝。

朝：朝廷。

道：治国之道。

垂拱：垂衣拱手。平：治理。章：显著。

【译文】

安抚苦难的百姓讨伐暴君商纣和夏桀的，是周朝的周武王姬发和商朝的开国君主成汤。古代的君主端坐朝廷，与贤臣商讨治国之道，垂衣拱手，国治民安。

【故事】

酒池肉林

商纣王是殷商末代的昏君，也是我国古代有名的暴君。他设置了残酷的炮烙之刑来处罚反对他的官员和人民。

他看着那些反对他的人被"炮烙"烧死、烫死，而引以为乐。他一高兴就把人腿砍去玩，一不高兴，就把人剁成肉酱。没有人敢谏劝他。比干是他的叔父，好意说了他几句，反被他杀了，还把心都挖了出来。

他用七年工夫和成千上万的人力，造了许多华丽的宫室，收集了各地的骏马、名狗和美女，供他狂欢作乐。

《史记》等史书中记载，纣王还下令用酒装满池子，把大块肉挂在树林里，叫作"酒池肉林"，以便一面游玩，一面随意吃喝。在殷商之前，夏末的桀，据说也是个暴君，也曾建造了著名的瑶台和许多行宫别苑，也有"酒池"，日夜同那班佞臣奸吏、宫妃美女们胡混。在"酒池"里可以漂游驾船，若有人醉倒在池中进而淹死，桀和他的后妃就乐得大笑。

后来，"酒池肉林"的典故就成了形容统治者昏庸无道的专用词之一。

ài yù lí shǒu　　chén fú róngqiāng

爱育黎首，臣伏戎羌。

xiá ěr yī tǐ　　shuài bīn guī wáng

遐迩一体，率宾归王。

【注释】

黎首：百姓。黎，黑。

臣伏：俯首称臣。戎羌：指少数民族。

遐迩：远近。

率：都。宾：服从。

【译文】

他们养育和爱护百姓，让远方的少数民族俯首称臣。举国上下无论远近都统一了，所有的臣民都归顺于天子。

míngfèng zài zhú　　bái jū shí chǎng

鸣凤在竹，白驹食场。

huà bèi cǎo mù　　lài jí wàn fāng

化被草木，赖及万方。

【注释】

鸣凤在竹：《孔演图》："凤非竹实不食。"

驹：小马。

化：仁德教化。

赖：恩典。

【译文】

欢唱的凤凰栖息在竹林间，白色的马驹在草场上觅食。天子的仁德使草木得到感化，天子的恩泽惠及天下的每一个地方。

【故事】

安居安业

"安居乐业"——安定地居住，愉快地从业。这是一句常用的成语，意义也很浅近，可是它的来源却相当久远。

早在春秋时代，老子就曾说过"安其居，乐其业"，也就是成语"安居乐业"的前身。不过，老子的这段话，认为各个地区的人民，各有自给自足的经济，可以各自安居乐业，不需要相互交流相互往来，这种闭关锁国的保守观点，今天看来，显然是很狭隘的。但老子的这种论调，在当时以及后来相当长一段历史时期里，却有不小的影响。汉代历史学家班固在他的《汉书·货殖传》中重复了老子的这种论调。

他说，父兄前辈的风俗礼节、劳动技能，子弟后代不需要怎么学，便会容易地掌握、继承下去。

各地区的老百姓就这样各自按传统方式生活，安居乐业，吃饭穿衣，即使别的地区有新颖美好的事物,也不一定适合他们的需要,譬如西北地区戎、狄等少数民族的生活习惯,对于江浙一带的居民来说,就不适合,这种看法自然也是不对的。

"安居乐业"这个词产生于特定的社会背景,现在,它是社会安全,人民生活富足祥和的代名词。

gài cǐ shēn fā　　sì dà wǔ cháng

盖此身发，四大五常。

gōng wéi jū yǎng　　qǐ gǎn huǐ shāng

恭惟鞠养，岂敢毁伤。

【注释】

盖：发语词。

四大：道家以道、天、地、王（一说"王"应为"人"）为四大，佛教以地、水、火、风为四大，认为一切事物道理均来源产生于四大。

五常：即五伦，五教。旧时宣讲的君臣、父子、兄弟、夫妇、朋友间五种关系，和义父、母慈、兄友、弟恭、子孝的道德伦理。

恭惟：恭敬地思想，惟，通维。鞠养：抚养，养育。

【译文】

我们的身体发肤，关系到天地伦常。恭敬地想到自己的身体是父母生育抚养的，怎敢轻易毁坏损伤。

【故事】

曾参啮指心痛

孔子的学生人人恭谨，个个孝顺。如果非要在他们之中评出一位最孝之人，那恐怕非曾参莫属了。

曾参对父母极为孝顺，这是有口皆碑的。他精心照料老人，不仅关心老人饮食起居，使老人有一个健康硬朗的身体，而且在精神上与老人沟通。时间长了他与父母很自然地产生了一种默契，即使不通过言语，也能做到心意相通。

一天曾参进山中打柴，家中来了客人，母亲不知怎么办，急盼儿子回家，可是曾参迟迟未归。老母亲急得团团转，便咬破了自己的手指。

曾参人在山里，心系家中老母。当老母亲咬手指的时候，曾参感到心头隐隐作痛。出于本能，他想家中肯定有事，于是急忙往家中赶。

到了家中，曾参"扑通"跪倒在地，询问母亲家中发生了什么事。母亲告诉他说家中来了客人，她不知道该怎么办，所以就咬破了手指，唤他回家。曾参向母亲叩头请安，亲自下厨，做了一顿丰盛的饭菜，招待了客人。

nǚ mù zhēn jié　　　nán xiào cái liáng
女慕贞洁， 男效才良。
zhī guò bì gǎi　　　dé néng mò wàng
知过必改， 得能莫忘。

【注释】

慕：仰慕。

效：效法。

得能：学到了某种知识技能。

【译文】

女人应仰慕操守贞洁之妇，男人要效法德才兼备的贤人。知道自己有过错必定要改正，掌握了某种技能千万不要遗忘。

【故事】

负荆请罪

战国时期，秦王假意送给赵国十五座城，以换取无价之宝和氏璧。

蔺相如带着和氏璧到秦国，凭着机智和勇敢，巧妙地斥责秦王，使得完璧归赵。

之后，他又随赵王到渑池赴宴，使赵王免受秦王的羞辱。蔺相如因此被封为上卿。

大将廉颇不服气，认为自己的功劳比蔺相如大，职位反而比他低，于是多次借机侮辱蔺相如。可蔺相如总是以国事为重，从不计较。

后来廉颇得知真相后，深感惭愧，便袒胸露背，负荆请罪。两人因此结下生死之交。

wǎng tán bǐ duǎn　　mǐ shì jǐ cháng
罔谈彼短，靡恃己长。

xìn shǐ kě fù　　qì yù nán liáng
信使可覆，器欲难量。

【注释】

罔、靡：都是不要之意。恃：倚仗，夸耀。

覆：验证。

【译文】

不要妄谈别人的短处，不要矜夸自己的长处。诚信要使它经得起考验，心胸要宽阔、气量要大度得让人难以测量。

【故事】

井底之蛙

有一只青蛙，住在一口废井里。它只知道井底小小的一块地方，只看见井口小小的一块天空，根本不知道井外有多么大的世界，认为自己能看见井口大的天空就很厉害了。

一天，来自东海的大鳖出现在井口边。蛙便向它夸口道：

"喂，你瞧，我这里多好！我可以自由地跳跃，可以安闲地坐在井壁的坎儿里休息；要游泳，水很充足，可以浸没我的腿，浸到我的下巴；要散步，也可以在软软的烂泥上舒服地踱来踱去。和我一起的小蝌蚪、小螃蟹们谁也不及我！我逍遥自在,快乐无边！你何不来玩玩,参观我这一汪大水？"

鳖听了,倒真想下去看看,可是左脚还没跨进,右腿的膝盖已在井口上搁住了。

海鳖忙退后一步,站住脚,对蛙说:"老兄,你知道吗？海之广,何止千里;海之深,何止万尺。闹几年水灾,海水涨不了多少;连旱几年,海水也并不见得浅些。住在那样的大海里,才真的是逍遥快乐呢！"

后来,人们用这个故事中的"井底之蛙",来比喻眼界狭小的人。

后汉时,公孙述据蜀称帝,他的老朋友马援去成都看他,他高踞殿上,大摆架子,马援生气地走了,说公孙述是井底之蛙,妄自尊大。

mò bēi sī rǎn　　shī zàn gāo yáng
墨悲丝染，诗赞羔羊。
jǐng xíng wéi xián　　kè niàn zuò shèng
景行维贤，克念作圣。

【注释】

墨悲丝染:墨子。《墨子·所染》记载:墨子见到丝被染便悲叹道:"染于苍则苍,染于黄则黄。"

诗赞羔羊:《诗·召南·羔羊》:"羔羊之皮,素丝五绒"。赞美羔羊毛色的纯正。

景:仰慕。行:行为。维:同惟,只。

【译文】

墨子感叹洁白的蚕丝容易被染成各种各样的颜色,《诗经·羔羊》篇赞美君子品德洁白如羔羊。学习贤人的德行,克制私念以成圣贤。

【故事】

大义灭亲

春秋时,卫桓公有个异母兄弟,名叫州吁。他们的父亲卫庄公在世时,对州吁过分溺爱,养成了其骄横无理的习气。大夫石碏曾经劝过庄公,要好好管教州吁。

他说:"我听说,爱护子弟,要用正确的教育方法,不能把他们引到邪路上。骄、奢、淫、逸,惯了可就坏了,一个人走上邪路,都是从这四个字开始的。"

可惜他的话没有引起庄公的重视。庄公死后,桓公继位,州吁时时准备谋害桓公,夺取君位。而石碏的儿子石厚,也不是忠臣,老给州吁出坏主意。

终于有一天,州吁找机会杀了桓公,夺了君位,并封石厚为上大夫。卫国的百姓不服他们,诸侯各国也对他们不满。

恰巧,宋国国君殇公同公子冯也发生了争夺君位的事,公子冯逃到郑国。州吁和石厚便派人告诉宋殇公说愿意帮助他除掉公子冯,但宋殇公未予理睬,因为诸侯也瞧不起他们。

石厚对州吁说:"我父亲为人民所敬重,我们请教他吧!"于是州吁便让石厚找石碏。

石碏说:"现在陈桓公很得周天子的宠信,你们只要请他帮忙,就会有门路。"

石厚回去向州吁重复了一遍,州吁大喜,便带着礼物到陈国去了,孰不知,石碏已经赶快写了一封信给陈桓公,信上说:"我们卫国是个小国,我的年纪也大了,不中用了。州吁石厚两个家伙,是杀害我国国君的罪人,无论如何请帮我干掉他们。"

因此，州吁和石厚一到陈国，就被逮捕，并被杀死。当时，卫国大臣认为，石厚是石碏的儿子，应从宽处理，可是石碏坚决不同意。这就是大义灭亲的故事。

为了维护正义，保障国家和人民的利益，决不包庇亲族的罪行，就叫"大义灭亲"。

dé jiàn míng lì　　xíng duān biǎo zhèng
德建名立，形端表正。
kōng gǔ chuán shēng　　xū táng xí tīng
空谷传声，虚堂习听。

【注释】

表正：仪表端正。

虚堂：空荡的厅堂。习听：习，重复，回声引起重听。

【译文】

德行建立了名声就自然树立起来，形体气质端正了外表自然就会端正。空旷的山谷能将声音传播得很远，空荡的厅堂里说话能引起共鸣。

【故事】

杨震言"四知"

杨震在少年时勤奋好学，明晓经义，博览群书，对于各种学问都深入研究，许多学者称他为"关西孔子"。

他长期旅居湖县传授知识，几十年来不接受郡长官员的聘任。大家劝告他年岁不饶人，是应该出去做官的时候了。但是杨震不入仕的志向却更加坚定。

后来有一次，冠雀衔着三条鳝鱼飞来，丢落在讲堂前，讲书人拿着鱼给他送上去，说：

"这是蛇鳝，是卿大夫的征兆。三只的数，是三公的象征啊。先生从此可以升达了。"此后，他才开始在州郡任事，此时他年已五十了。

大将军邓骘听说杨震才德兼优，征聘他去做官，后被提升为荆州刺史、东莱郡太守。在赴郡上任时，路过昌邑，先前他所举荐的荆州茂才王密，此时是昌邑县令，特地前来拜见他。

两个人谈到晚间了，王密从怀里拿出十斤黄金赠送杨震。

杨震说道："这是为什么呢？"

王密说："暮夜了，没有谁知道"。

杨震说："天知，神知，你知，我知，怎么说没有人知道呢？"王密听了这个话后羞愧地走了。

杨震为人正直，从来不接受私人的拜会请托。他的儿孙经常吃粗茶淡饭，出门就步行，同平民没有两样。

他的旧交父老中，有人想替他的子孙购置家业，杨震坚持不肯，他说道:"使后世的人说他们是清白官吏的子孙,把这个名声留给他们,不也是很丰厚的财产吗?"

huò yīn è jí　　　fú yuán shàn qìng

祸因恶积, 福缘善庆。

chǐ bì fēi bǎo　　cùn yīn shì jìng

尺璧非宝, 寸阴是竞。

【注释】

缘:由于。

庆:回报、奖赏。

璧:圆形的玉。

竞:争取。

【译文】

灾祸往往是因为坏事做得太多而引发的,福运也往往是因为好善乐施得到的回报。直径一尺的美玉不是什么宝物,只有一分一秒的时间才是十分值得珍惜的。

zī fù shì jūn　　　yuē yán yǔ jìng

资父事君, 曰严与敬。

xiào dāng jié lì　　zhōng zé jìn mìng

孝当竭力, 忠则尽命。

【注释】

资:奉养。

事：侍奉。

严：畏惮，惧怕。

【译文】

奉养父母和侍奉君主，要严肃而恭敬。孝顺父母应当竭尽全力，效忠君主则要不惜生命。

lín shēn lǚ báo　　sù xīng wēn qìng

临深履薄，夙兴温清。

sì lán sī xīn　　rú sōng zhī shèng

似兰斯馨，如松之盛。

【注释】

临深履薄：《诗经·小雅·小旻》"如临深渊，如履薄冰。"说明态度极其谨慎。

夙：早晨。兴：起来。温清：《礼记·典礼》"凡为人于之礼，冬温而夏清。"

【译文】

侍奉君主应当有如临深渊、如履薄冰般小心谨慎的态度。孝顺父母则要早起晚睡，让父母冬天寒冷时得到温暖，夏天炎热时享受凉爽。培养自己的品德，使它像兰花一样芬芳，像松柏一样四季长青。

chuān liú bù xī　　yuānchéng qǔ yìng
川流不息，渊澄取映。

róng zhǐ ruò sī　　yán cí ān dìng
容止若思，言辞安定。

【注释】

渊澄取映：渊，静止的水。澄：清。比喻水清澈可以照物。

容止：行貌举止。若思：沉静安详。

【译文】

像江河的水一样永不停息，像清澈的潭水一样清澈照人。容貌举止要沉静安详，说话时要从容镇定。

dǔ chū chéng měi　　shèn zhōng yí lìng
笃初诚美，慎终宜令。

róng yè suǒ jī　　jí shèn wú jìng
荣业所基，籍甚无竟。

【注释】

笃：忠实，重视。

诚：实在，的确。

令：美好。指为人处事要能做到善始善终。

基：基础。

【译文】

重视事情的开始的确是好的，但是能做到善始善终就更好了。德行是事业的基础，根基强大，前途无止境。

【故事】

程门立雪

杨时在洛阳求见程颐。这一年，杨时已经四十岁了。

一天，杨时去拜见程颐，而程颐此时正在屋里打瞌睡，为了不惊醒程颐，杨时就站在门外大雪纷飞中等待他醒来，一直恭恭敬敬。等到程颐醒来时，门外的积雪已经有一尺多深了。

这就是流传了千年的程门立雪的故事佳话，也是"尊师"的经典事例。尊师，是中国人的传统，更是一个人文化素质高的表现。凡是学业有建树的人，无一不尊师。杨时因为尊师重教，才能做到程门立雪，才能成为北宋有名的学者。他是我们青少年学习的榜样。

xué yōu dēng shì　　shè zhí cóngzhèng
学优登仕，摄职从政。

cún yǐ gān táng　　qù ér yì yǒng
存以甘棠，去而益咏。

【注释】

摄：治理。

甘棠：相传周初召伯巡视南方时，在甘棠树下理政，以后当地人因其爱民而感戴他，珍爱此树而不伐，并作诗《甘棠》加以赞美。

【译文】

学习优秀就可以做官，做了官才能致力于治理国家。人民留下甘棠树来表达对周召公的爱戴，还创作了诗歌来赞美他。

yuè shū guì jiàn　　lǐ bié zūn bēi
乐殊贵贱，礼别尊卑。

shàng hé xià mù　　fū chàng fù suí
上和下睦，夫唱妇随。

【注释】

乐殊贵贱：殊，差异。古时乐器形制不同，使用上有严格的贵贱等级区别。

【译文】

乐器的使用因为身份贵贱而有所区别，礼仪的确定也因为地位的尊卑而不同。长辈和晚辈要和睦相处，丈夫倡导的妻子应当随从。

wài shòu fù xùn　　rù fèng mǔ yí
外受傅训，入奉母仪。
zhū gū bó shū　　yóu zǐ bǐ ér
诸姑伯叔，犹子比儿。

【注释】

傅训：师傅的教诲。
奉：遵循。母仪：母亲立下的规范。
犹子：兄弟之子。

【译文】

在外求学要接受师傅的教诲，回到家里要遵循母亲定下的规矩。对待姑姑、伯伯、叔叔要如同对待自己的父母，就像是他们的亲生子女一样。

【故事】

汉明帝尊师的故事

西汉儒生桓荣是研究《尚书》的学者，远近闻名，来从学的有几百人之多。

东汉末年,天下大乱,桓荣和学生们抱着经书逃入山谷躲避,虽然常常吃不上饭,但讲学却从不中断。

到东汉建武十九年,桓荣受光武帝征召,担任了太子的老师。太子学成出师,他又被封为太常,这是一种列九卿的官职,算得上很高了。太子后来当了皇帝,就是汉明帝。汉明帝虽贵为一国之君,仍然很尊重老师,八十多岁了还不允许他退休。

一次汉明帝驾临太常官署,召集百官和桓荣的学生数百人,请桓荣坐在西首面东的客位,摆设老人用的几案、手杖,明帝亲自捧书求教。

学生中有人向明帝请教经书中的疑难问题,明帝谦虚万分,说:"老师在这里,怎么轮得上我来解答呢?"桓荣病重,明帝亲自去探望,刚走进桓荣所居的里巷就下车步行了。这样一来,其他官员探病都不敢乘车到桓荣家门口了。桓荣死后,明帝还换了素衣,亲自为桓荣送葬。

汉明帝尊师循礼的表现,在历代皇帝中十分突出,因而为史书所称道。

kǒnghuáixiōng dì　　tóng qì lián zhī
孔怀兄弟,同气连枝。
jiāo yǒu tóu fèn　　qiē mó zhēn guī
交友投分,切磨箴规。

【注释】

孔:很,甚。怀:念。

同气:共同承受父母之气。

投:投合,接近。分:情分。

切磨:切磋。箴:劝告,劝戒。规:教戒,劝告。

【译文】

兄弟之间犹如树枝相连，彼此之间要非常友爱，十分关心。交朋友要志同道合，在学问上互相切磋，在品德上互相劝勉。

rén cí yǐn cè　　zào cì fú lí
仁慈隐恻，造次弗离。
jié yì lián tuì　　diān pèi fěi kuī
节义廉退，颠沛匪亏。

【注释】

隐恻：即恻隐，不忍，同情。
造次：勿忙，轻易。弗：不。
退：谦让。

【译文】

对人要有同情怜悯之心，即使在危急情况时也不要抛弃而去。气节、仁义、清廉、谦让，即使在遭受挫折时也不能有丝毫缺损。

【故事】

袁家和沈家

袁仲是明朝时的一个文化名人。他的母亲刘氏是一位非常富有宽容心的妇女,这种高贵品格,使她在当地享有极高的口碑。

袁家和沈家是一墙之隔的邻居。但是,由于多种原因,沈家一直把袁家当作自己的仇人。

有一年,袁家墙里的桃树枝条伸进了沈家的院子,沈家就把袁家的树枝给锯了。

恰巧,沈家的枣树枝条也伸进了袁家的院子里,但袁母不仅没有让孩子们摘树上的枣,还把收获好的枣亲自还给了沈家。

再后来,沈家的母亲生了病,袁仲的母亲又一次亲自来到沈家,探望沈母的病情,她还动员邻居们为沈家凑了些钱,帮助沈家度过了难关。此时的沈家已经倍受感动,不再把袁家当作仇人了,也开始主动和袁家交往,渐渐地,两家的世代仇恨得到了化解。后来,两家还结成了亲家呢。

应该说,这都是宽容带来的结果。由此可见,宽容对生活中的人际交往有多么重要。

xìng jìng qíng yì　　xīn dòng shén pí
性静情逸,　心动神疲。

shǒu zhēn zhì mǎn　　zhú wù yì yí
守真志满,　逐物意移。

【注释】

逸:安乐,安闲。

守真志满：保持善良的天性，就会内心充实。

逐物：追逐物欲。意移：意志动摇。

【译文】

性情安静心情就安逸，内心躁动精神就疲乏。保持住自己善良的天性，就会内心充实，追逐物质享受意志就会动摇。

【故事】

制　怒

1839 年，道光皇帝任命林则徐为钦差大臣，前往广东主持禁烟。

离开京城时，前来送行的老师一再叮嘱他说："你为官清廉刚直，这些我都放心。不过广州的环境很复杂，遇事要深思熟虑，不要鲁莽急躁，做事稳扎稳打。"

林则徐把老师的话一一记在心里。到了广州后，他在其府衙的墙上贴上一张条幅，上面写着"制怒"两个字。从此以后，每次当他遇到困难，情绪急躁的时候，就抬头看看"制怒"两个字，以此来提醒自己：千万不要发怒。

jiān chí yǎ cāo　　hǎo jué zì mí
坚持雅操，好爵自縻。
dū yì huá xià　　dōng xī èr jīng
都邑华夏，东西二京。

【注释】

好爵：高官厚禄。

縻：系住，引申为来临之意。

都邑：京都。都：首都。邑：城市。华夏：中国的古称。

东西二京：指洛阳与长安。

【译文】

坚守保持高雅的情操，高官厚禄自然就会来临。中国古代的京都主要有东京洛阳和西京长安。

bèi máng miàn luò　　　fú wèi jù jīng

背邙面洛，浮渭据泾。

gōng diàn pán yù　　　lóu guān fēi jīng

宫殿盘郁，楼观飞惊。

【注释】

背邙面洛：洛阳东北有邙山，东南有洛水。

浮渭据泾：长安位于渭水与泾水汇合处的南岸。

【译文】

东京洛阳背靠邙山面对洛水，西京长安左靠渭水右依泾水。宫殿曲折盘旋，楼观势高若飞，令人惊叹。

tú　xiě　qín shòu　　　huà cǎi xiān líng

图写禽兽，画彩仙灵。

bǐng shè páng qǐ　　　jiǎ zhàng duì yíng

丙舍旁启，甲帐对楹。

【注释】

丙舍：宫中正室两旁的房屋。旁启：侧面开门。

甲帐：代指皇帝闲居游宴休息的地方。

楹：殿堂上的柱子。

【译文】

宫殿楼阁上雕龙画凤，有飞禽走兽以及仙灵神怪。两边厢房的门开启，中间左右大柱撑起皇帝的幕帐。

sì yán shè xí　　gǔ sè chuī shēng
肆筵设席，鼓瑟吹笙。

shēng jiē nà bì　　biàn zhuǎn yí xīng
升阶纳陛，弁转疑星。

【注释】

肆：摆设。

纳：进入。陛：台阶。

弁：帽子，其缝合处饰以彩玉。

【译文】

宫廷里摆设着最丰盛的酒席，乐队弹击琴瑟、吹奏笙管，演奏出美妙的音乐。达官贵人走上宫廷的台阶，礼帽闪闪发光如同群星闪烁。

yòu tōng guǎng nèi　　zuǒ dá chéng míng
右通广内，左达承明。

jì jí fén diǎn　　yì jù qún yīng
既集坟典，亦聚群英。

【注释】

广内：殿名，西汉宫廷藏书之所。
承明：殿名，西汉朝廷著述之所。
坟典：《三坟》、《五典》，泛指群书。

【译文】

进入宫廷，往右可以通向广内殿，向左可以通往承明殿。宫殿里既珍藏着大量的图书典籍，也聚集了众多的英雄豪杰。

【故事】

三皇五帝

三皇，传说中的古代三个帝王。是哪三个人呢？有不同的说法：有的说是天皇、地皇、人皇；有的说是伏羲、神农、祝融；有的说是燧人、伏羲、神农。

他们实际都是我国古代传说中的一些象征性的人物。最后一说反映了我国原始社会的生活发展情况：开始使用钻木取火，开始居住木结构的房屋，有了原始农业。

五帝也是传说中的古代五个皇帝，同样也有各种不同的说法：有的说是太昊、神农、黄帝、少昊、颛顼;有的说是黄帝、颛顼、帝喾、尧、舜;有的说是少昊、颛顼、帝喾、尧、舜。无论那种说法,实际上他们都是我国原始社会末期部落联盟的一些领袖人物。

dù gǎo zhōng lì　　qī shū bì jīng
杜稿钟隶，漆书壁经。

fǔ luó jiàng xiāng　　lù xiá huái qīng
府罗将相，路侠槐卿。

【注释】

杜稿:汉朝杜度的草书。古时凡作文稿多用草书,故称草书为稿。钟隶:汉朝钟繇的隶书。

漆书:古人无墨,以漆写在竹简之上,称漆书。壁经:从孔子旧宅中发现的图书。

侠:同夹。指两侧站立。槐卿:公卿。《周礼》载,朝廷上三公之位面对三棵槐树,故称三公为槐。

【译文】

宫廷里收藏着汉朝书法家杜度的草书和钟繇的隶书,还有古代的竹简和孔子宅墙中发现的经典。在府内有文武大臣侍列,出行时公卿分列道路两旁侍行。

【故事】

字迹潦草丢功名

古代有一个叫李秉宪的人,他的文章写得非常好,而且参加过许多考试，每次都取得了好成绩。

很多人都称赞道："李秉宪真是太厉害了，今年的状元肯定非他莫属。"

李秉宪听了大家的议论，心里非常得意。

那年，他顺利通过了院试、乡试、会试三道难关，取得了参加由皇帝亲自监考和阅卷的最高级别的考试——殿试的资格。如果在殿试中考取了第一名，那就是状元啦。

李秉宪本来就才华横溢，加上他为了这次考试还精心准备了一番，考试前可谓胸有成竹。

考试的时候，一切都在李秉宪的预料之中，所以他发挥得特别好，下笔如有神，整篇文章一气呵成。

走出考场后，他想："这回一定可以功成名就了！"

可是，皇帝阅卷时，只看了一眼李秉宪的卷子，就把它放在了一边。

过了一些日子，考试结果出来了。李秉宪怎么也想不明白为什么自己没有上榜。

原来，李秉宪的字迹实在是太潦草了，龙飞凤舞的笔划根本看不清楚。所以皇帝看了一眼，就没有心思再去阅读。李秉宪没有上榜也就一点也不奇怪了。

hù fēng bā xiàn　　jiā jǐ qiān bīng
户封八县，家给千兵。
gāo guān péi niǎn　　qū gǔ zhèn yīng
高冠陪辇，驱毂振缨。

【注释】

冠：帽子。陪：侍从。

辇：皇帝的车子。毂：车轮。

【译文】

皇帝赏给将相每产八县的土地和数千家兵。大臣们戴着高高的礼帽陪着皇帝出行。车子奔驰时缨带飘扬。

shì lù chǐ fù　　chē jià féi qīng
世 禄 侈 富， 车 驾 肥 轻。
cè gōng mào shí　　lè bēi kè míng
策 功 茂 实， 勒 碑 刻 铭。

【注释】

世禄：世代享用国家俸禄。侈富：大富。

肥轻：语出《论语·雍也》"乘肥马，衣轻裘。"裘：皮衣。

策：谋划。

茂：茂盛。

【译文】

大臣们的子孙世代享受优厚的俸禄过着富裕奢侈的生活，车子华丽骏马肥壮，身着裘皮衣。为皇帝出谋划策的功劳卓著，他们的丰功伟绩都铭刻在石碑上流传百世。

pán xī yī yǐn　　zuǒ shí ē héng

磻溪伊尹，佐时阿衡。

yǎn zhái qū fù　　wēi dàn shú yíng

奄宅曲阜，微旦孰营。

【注释】

磻溪：指姜太公，姜太公曾垂钓于此，遇周文王。伊尹：商朝帝王成汤的宰相。

佐时：辅佐当朝帝王。阿衡：伊尹的官名，泛指宰相。

奄宅：奄宅之地，即曲阜一带。

微：如果没有。

孰：谁。营：建造。

【译文】

姜太公辅佐周武王灭纣建立周朝，伊尹辅佐汤王推翻夏桀建立商朝，他们都是辅佐当朝皇帝的宰相。在封地曲阜，如果没有周公姬旦谁还能管理鲁国。

huáng gōng kuāng hé　　jì ruò fú qīng

桓公匡合，济弱扶倾。

qǐ huí hàn huì　　yuè gǎn wǔ dīng

绮回汉惠，说感武丁。

【注释】

桓公：齐桓公。匡：正。

倾：危险。

绮：绮里季，"商山四皓"之一的隐士。汉高祖刘邦想废太子刘盈（汉惠帝）立赵王如意为太子。吕后用张良计，请四皓与太子相处，高祖见之曰："羽翼已成，难以动矣。"于是作罢。

说：傅说，殷高祖武丁的宰相。

【译文】

齐桓公为了匡正天下之乱，会合诸侯帮助弱小国家，拯救危亡。绮里季回朝保住了汉惠帝的位子。傅说帮助商王兴盛了商朝。

【故事】

九合诸侯，一匡天下

齐桓公是春秋前期著名的政治家，在齐国的内乱中取得了政权。齐桓公任用管仲为相，进行改革，很快使齐国强盛起来。依靠雄厚的经济及军事力量，齐桓公开始对外发展，提出了"尊王攘夷"的口号来号召诸侯。

他首先取得诸侯的信任，帮助燕国打败北戎，营救邢、卫两国，制止了戎狄对中原的入侵；同时联合诸侯进攻蔡、楚，遏制了楚国向中原发展的势头，并安定了周王室的内乱。他多次会盟诸侯，成为春秋时期的第一位霸主。

jùn yì mì wù　　duō shì shí níng
俊义密勿，多士定宁。

jìn chǔ gēng bà　　zhào wèi kùn héng
晋楚更霸，赵魏困横。

【注释】

俊义：英杰，有才德之人。密勿：勤勉努力。

更：更替。

困：窘迫。横：连横。

【译文】

英雄豪杰辅佐君王勤勉努力，才有了众多才士的安宁。在春秋时期晋文公和楚庄王轮流称霸；战国时赵国和魏国等六国被张仪的"连横"政策逼入困境。

【故事】

称王称霸

东汉末年，军阀混战，豪强割据，曹操决心消灭割据势力，结束分裂状态，统一全国。公元196年，曹操在战乱中把汉献帝挟持并"挟天子以令诸侯"，自封为大将军和丞相，执掌东汉的军政大权。经过十几年的东征西讨，到公元210年，他先后消灭了吕布、袁术、袁绍、刘表等豪强割据势力，基本上统一了北方。

这时能够与曹操相对抗、对其构成威胁的，就剩下孙权和刘备了。孙刘两家在军事上联合抗曹，在政治上则不断地抨击曹操，说其怀有夺取帝位的野心。曹操为了表白自己便说："我曹操从未有过改朝自立为王的野心。虽然有人曾劝我废汉献帝自己称帝，但几次我都没有同意。"

同时曹操还说道："设使国家无孤，不知几人称帝，几人称霸？"这里虽有过分夸大自己作用的地方，但他为结束东汉末年的封建割据局面确实起了不可磨灭的作用。

后来，后人便将"设使国家无孤，不知几人称帝，几人称霸"，归纳为"称王称霸"，来比喻某人狂妄地以首脑自居，或比喻某人专横跋扈，独断专行。

jiǎ tú miè guó　　jiàn tǔ huì méng

假途灭虢，践土会盟。

hé zūn yuē fǎ　　hán bì fán xíng

何遵约法，韩弊烦刑。

【注释】

假：借。

会：会合诸侯。盟：誓约。

何：萧何。遵：奉命。

韩：韩非。弊：困。烦：苛。

【译文】

春秋时晋国向虞国借道去灭虢国。结果灭虢国还师时顺便将虞国消灭。晋文公会盟诸侯相约效命周王室，因而被周王策命为诸侯之长。萧何遵奉律法从简制订《九章律》，韩非主张用严厉的法律治国，结果自己死于酷刑。

qǐ jiǎn pō mù   yòng jūn zuì jīng

起翦颇牧，用军最精。

xuān wēi shā mò   chí yù dān qīng

宣威沙漠，驰誉丹青。

【注释】

起翦颇牧：指战国时秦国良将白起、王翦，赵国良将廉颇、李牧。

宣威：威名远播。沙漠：指边远的少数民族地区。

驰誉：流传美名。丹青：指史籍。

【译文】

战国时的秦将白起、王翦，赵国良将廉颇、李牧最精通兵法，西汉大将卫青、李广还有霍去病，屡屡击败匈奴，大漠威名远震。他们威名远播边陲，美名载入史册。

【故事】

白起攻赵

战国末年，秦国通过商鞅改革增强了国力和势力，加快了统一中国、结束分裂的步伐。当时赵国是唯一一个可以和秦国相抗衡的大国了。

公元前 262 年，秦国攻打赵国。在长平之战中，受到老将军廉颇的顽强阻挡。秦军甚怕廉颇，再次攻打时，秦国使用反间计。在赵王起用廉颇时，使者对赵王说："廉颇老了，很能吃饭，一顿吃三大碗，并且一会上了三次厕所。廉颇老矣，不能再用了。"

赵王因此用了只会纸上谈兵的赵括，虽然赵括之母千般阻扰，赵王仍是不改初衷。而秦国却在暗中派名将白起主持军务。

白起布置好埋伏，几次佯装败阵诱使赵括深入埋伏圈中，赵括信以为真，不知是计，待清醒时为时已晚。赵括冒险突围，却被乱箭射死。四十万大兵全军覆没。

从此赵国一蹶不振，失去与秦国抗衡的军力。秦国扫除了最大的障碍和劲敌，为统一中国打下了坚实的基础。

jiǔ zhōu yǔ jì　　　　bǎi jùn qín bìng
九州禹迹，百郡秦并。
yuè zōng tài dài　　　chán zhǔ yún tíng
岳宗泰岱，禅主云亭。

【注释】

九州：即冀、兖、青、徐、扬、荆、豫、梁、雍。
岳：指五岳。宗：尊。

岱：泰山的别称。

禅：在泰山南侧支脉辟基祭地称为"禅"。

【译文】

大禹的足迹遍及九州大地，秦国兼并百郡而统一天下。五岳中以东岳泰山最高最尊贵，帝王祭天凌绝顶，祭地禅礼仪式在玉亭。

【故事】

秦 始 皇

战国初期，秦国一直落后于中原各国，但经过商鞅变法之后，其经济政治实力和国家势力突飞猛进，攻灭了西方十二个诸侯国，国势迅速增强，一跃成为七国之首（齐、楚、燕、韩、赵、魏、秦）。

到了战国末期，秦王任用了很多名人，又秘用名将王翦打败楚国，杀死楚国名将项燕，使楚国再也无法组织有力的抵抗，臣服秦国。这一切都为秦始皇统一中国打下了一步又一步基础。经过十余年的战争，秦国先后兼并掉了六国，于公元前221年统一中国，结束了中国长达数百年的割据局面，建立了中国历史上第一个专制主义中央集权的封建王朝。

秦始皇统一中国后,采用韩非子的法家思想,在秦国实行惨无人道的严酷刑法;为了不让儒生们非议政治,实行"焚书坑儒"的政策,使中国先秦很多古籍被烧毁;统一文字,实行秦国通用的篆书,又统一度量货币。

为了抵抗北方少数民族的侵犯,秦始皇集合民间劳力修万里长城,酿成"孟姜女哭长城"的悲剧,又建筑了豪华的阿房宫,给自己修建了坚固的陵墓。

秦始皇由于实行残酷的刑罚和政治制度,激起民愤。在他死后,秦二世在位期间,陈胜、吴广揭竿而起,反抗秦的暴政。秦王朝自此开始走向灭亡。

yàn mén zǐ sài　　jī tián chì chéng

雁门紫塞，鸡田赤城。

kūn chí jié shí　　jù yě dòng tíng

昆池碣石，巨野洞庭。

【注释】

雁门:即雁门关。紫塞:指长城。《古今注》:"秦筑长城,土色皆紫,故称紫塞。"

鸡田:在今河北永年西南。赤城:地名。一说赤城为浙江天台山脉峰名。道家名山青城山亦称赤城山。

昆池:昆明滇池。碣石:指碣石山。

【译文】

名关有北疆雁门,要塞有万里长城,驿站有边地鸡田,奇山有天台赤城。赏池赴昆明滇池,欢海临河北碣石,看泽去山东钜野,望湖上湖南洞庭。

kuàng yuǎn mián miǎo　　yán xiù yǎo míng

旷远绵邈，岩岫杳冥。

zhì běn yú nóng　　wù zī jià sè

治本于农，务兹稼穑。

【注释】

绵邈：遥远。

岩岫：山洞。杳冥：深远幽暗。

【译文】

幅员辽阔广大，一片锦绣河山。治国的根本在于搞好农业，要致力于这些播种收割的事情。

chù zài nán mǔ　　wǒ yì shǔ jì

俶载南亩，我艺黍稷。

shuì shú gòng xīn　　quàn shǎng chù zhì

税熟贡新，劝赏黜陟。

【注释】

俶：开始。载：从事。南亩：指田地。艺：种植。

税、贡：用作动词，即收税、纳贡之意。

【译文】

致力于农业就要在田间从事耕种，种上农作物。粮食成熟后要向官府交纳税粮贡米，官府则对勤农守法者给予奖赏提升，对懒惰违纪者给予劝戒贬降。

【故事】

四体不勤，五谷不分

孔子为了推行自己的政治主张，率领一批学生风尘仆仆地游说列国。一天，不知是什么原因，子路掉了队，没有赶上老师。在赶路途中，子路碰上一位用拐杖挑着除草工具的老者，忙上前去问道："您看见我的老师了吗？"

老者很不客气地回答道："你这个人，四肢不劳动，五谷也分不清（即四体不勤，五谷不分），哪个知道你的老师？"说完，就除他的草去了。但子路并没有离开，仍拱手恭恭敬敬地站在那里。最后老者留子路回家住宿，宰鸡做饭招待子路，同时将自己的两个儿子叫出来与子路见面。

第二天，子路便离开，赶路去追孔子，并报告了昨天自己遇见的那位老者的情况。孔子道："那是位隐士"。并马上指使子路回去再看看他，可子路到时，那人已离去。

后来，后人就用"四体不勤，五谷不分"来形容脱离劳动实践，什么实际知识或本领都没有。

mèng kē dūn sù　　shǐ yú bǐng zhí

孟轲敦素，史鱼秉直。

shù jī zhōngyōng　　láo qiān jǐn chì

庶几中庸，劳谦谨敕。

【注释】

孟轲：孟子。敦：崇尚。素：本色。史鱼：春秋末年卫国史官，名鳎，字子鱼，以正直著称。

庶几：差不多。中庸：不偏不倚，调和折衷。

【译文】

孟子崇尚本色，史鱼坚持正直。一个人为人处事要尽力做到不偏不倚，保持中庸，还要勤劳、谦虚、谨慎、小心。

【故事】

待人宽厚的朱冲

晋朝时，朝廷里有一位官居要职的大人物，叫朱冲。此人虽然地位很高，却没有一点儿高官显摆的架子。他待人十分宽厚，而且自幼就养成了这样的习惯。朱冲小时候，因为家里穷，没有钱供他读书，他就只好在家里种地放牛。

有一次，他正在野外放牛，邻里有一个人不分青红皂白就把他家的牛牵走了。后来，那个人找到自家牛后，又把朱冲的牛给送了回来。朱冲问明原因后，不但没怨人家牵错牛，而且发现那家人生活比他还困难时,还把牛送给人家了。朱冲对每一个人都如此宽厚,不论在家里还在是在朝里,因此得到乡邻和同僚们的交口称赞。

líng yīn chá lǐ　　jiàn mào biàn sè

聆音察理，鉴貌辨色。

yí jué jiā yóu　　miǎn qí zhī zhí

贻厥嘉猷，勉其祗植。

【注释】

聆：听。

贻：遗留。厥：语气助词。嘉：善，好。猷：谋略。

【译文】

听人说话要分析其中的道理是非,与人交往要注意察颜观色。留赠给人的应当是良谋忠告,激励自己建功立业。

【故事】

鸿 门 宴

公元前206年,刘邦先于项羽进入咸阳城,并与当地平民百姓约法三章,深受百姓的拥戴。

这时项羽驻军鸿门,听信自己的谋士范增策划,要消灭刘邦于羽毛未丰之时。刘邦听说项羽准备攻打他,便亲自带领一百多骑兵到鸿门去向项羽谢罪。项羽当天就留刘邦一同饮酒。

饮酒间,范增多次对项羽使眼色,又多次举起自己身上的玉佩暗示项羽,要他趁机杀死刘邦。项羽却无动于衷,没有任何表示。于是范增便出去把项庄叫来,叫他佯装舞剑助兴,趁机杀了刘邦。

项庄敬罢酒,拔剑起舞。刘邦的谋士张良见事不好,便出去找刘邦的卫士樊哙。樊哙问他:"现在情况怎么样?"张良说:"甚急,项庄拔剑舞,其意常在沛公(刘邦)也。"于是樊哙硬

闯进帐营,刘邦趁机起身如厕,带领樊哙等人步行抄小路回到自己营中。项羽失去这次机会,酿成了垓下之战的大败,最后是四面楚歌,无颜见江东父老,在乌江自刎。

xǐng gōng jī jiè　chǒng zēng kàng jí
省躬讥诫,宠增抗极。

dài rǔ jìn chǐ　lín gāo xìng jí
殆辱近耻,林皋幸即。

【注释】

省:反省,检查。躬:自身。讥:讥笑。诫:警告。
宠:尊荣。

抗：抵御，防止。

殆：近。

【译文】

对别人的讥讽告诫要躬身自省，防止自己的宠幸和荣耀达到极限招致灾祸。如果因为位尊宠厚招致祸辱，就要及时隐居山林。

【故事】

悔过自新

西汉时候，临淄有个名叫淳于意的人，喜欢医学，曾拜同乡人阳庆为老师，得到了许多古代医学家传下来的治病方法。当时许多医生看不好的病，他一治就好，很快就远近闻名了。

后来，他由于没治好一位大商人家里的姨太太的病，被诬陷为庸医杀人。

公元前167年，他被当地的官吏判处肉刑(包括在犯人脸上刺字、割鼻、断足)，因为淳于意曾经做过县令，按规定就得把他押解到长安去受刑罚。淳于意没有儿子，只生了五个女儿。

临走的时候，他为自己没有儿子能替他伸冤而气恼，叹着气说："生女不生男，有了急难，谁也不顶用。"几个女儿听了既伤心又气愤，急得直哭，年纪最小的女儿缇萦忍住悲痛，随父到了长安，立志营救父亲。

缇萦随着父亲来到长安后，请求上殿去见汉文帝，看守宫门的人不让她进。她就写了一封信给汉文帝，信上写道：

"我父亲淳于意做官的时候，老百姓说他是个清官。这会儿犯了罪，应当受到肉刑的处分。我不但替父亲悲痛，也为所有受过肉刑的人悲痛。 因为一个人死了不能再活过来，受过了肉刑，再也不能长上去

了。即使想悔过自新，也不可能了。我情愿给官府做奴婢，来替父亲
赎罪，好让他有改过自新的机会。"

汉文帝看过这封信，很受感动，不仅同意免了淳于意的罪，而
且觉得过去的这种肉刑实在太残酷，于是便下了一道诏书，废除了
肉刑。

liǎng shū jiàn jī　　jiě zǔ shuí bī
两疏见机，解组谁逼。
suǒ jū xián chù　　chén mò jì liáo
索居闲处，沉默寂寥。

【注释】

两疏：指汉太子太傅疏广、太子少傅疏受。两人同时辞官回
家，受世人推崇。见机：看准时机。

解组：解下印绶，指辞官。

索居：独居。

【译文】

汉代的疏广、疏受身居高位看准时机，辞去高官厚禄回到家
乡，没有谁逼他们这样做。独居山野，悠闲自在，甘于寂寞安静
的生活。

【故事】

两疏散金

西汉宣帝时，疏广、疏受叔侄俩在朝廷中担任太子的教书先生，

但他们只干了五年,就主动辞去了官职,无论皇帝怎么挽留,他们也执意要走。

无奈之下,皇帝和太子要感谢恩师,便送了许多黄金给他们。可他们回乡后,每天就和亲戚朋友在一起吟诗作对。疏广的子孙们都很不高兴,便找人劝疏广说:"眼看钱就要花光了,为什么不给子孙置些产业呢?"

疏广说:"并不是我不关心子孙,他们现在已有土地和房产,如果我再添置家业,就会助长他们的懒惰情绪。"

qiú gǔ xún lùn　　sàn lǜ xiāo yáo
求古寻论,散虑逍遥。
xīn zòu lèi qiǎn　　qī xiè huānzhāo
欣奏累遣,戚谢欢招。

【注释】

求古寻论:即寻求古论。
散虑:解散思考,不再思索。

【译文】

在古书中寻求人生的道理,这样可以消除忧虑,活得逍遥自在。得到欣悦,就可以免除烦恼,杜绝忧愁,就可以带来欢乐。

【故事】

迷途知返

古代著名的文学家皇甫谧,从小就过继给叔父,由于备受婶母的宠爱,从而养成了不愿读书的恶习。一天皇甫谧给婶母捎来一些好吃的瓜果,婶母说:"你即使天天给我送肉吃,也不算尽孝,只有肯于上进,多学知识才能给我安慰呀!"接着婶母又讲了许多古人勤奋读书,孝敬父母的故事来开导他,皇甫谧深受感动,从此刻苦读书。

没几年,皇甫谧就读完了经书史册以及大量的百家名著,成了一个学识渊博的名人。后来,他不仅写出了许多有影响的名著,还教出一批又一批的有名的学生。

qú hé dì lì　　yuán mǎng chōu tiáo
渠荷的历,园莽抽条。
pí pá wǎn cuì　　wú tóng zǎo diāo
枇杷晚翠,梧桐蚤凋。

【注释】

渠:池塘。的历:鲜艳的样子。

莽:草。抽条:发芽。

晚翠:至冬犹绿。

蚤:同"早"。

【译文】

池塘里的荷花鲜艳夺目,园子里的青草长出嫩芽。枇杷树到了冬天仍然翠绿,梧桐树叶在初秋就过早凋谢。

chén gēn wěi yì　　luò yè piāo yáo
陈根委翳，落叶飘摇。

yóu kūn dú yùn　　líng mó jiàng xiāo
游鹍独运，凌摩绛霄。

【注释】

陈根：老树根。委：枯萎。翳：树木自己枯死。

凌：升高。摩：接触。绛霄：赤霜，九霄之一，此处指高空。

【译文】

陈根老树已衰萎葳死，落叶飘飘。鹍鹏独自遨翔天空，飞向高高的赤霄。

dān dú wán shì　　yù mù náng xiāng
耽读玩市，寓目囊箱。

yì yóu yōu wèi　　zhǔ ěr yuán qiáng
易輶攸畏，属耳垣墙。

【注释】

寓目：过目。囊箱：装书的袋子和箱子。

易：忽视。攸：听。

属耳：以耳附壁窃听。垣：墙。

【译文】

东汉哲学家王充年幼时家贫无书，他常常游览于洛阳市场，读所卖之书，过目不忘。眼睛所看到的，也是装书的袋子和箱子。说话要小心谨慎，要防止隔墙有耳偷听。

【故事】

书市读书

东汉著名的思想家王充，从小就熟读诗书，十四岁就被推荐到京师去学习。一年后，他就把学府中的藏书全部读完了，然后就挤时间到书市上去读书。

书市上人来人往，喧闹声不断，而王充就像没听见一样，一心只顾读他的书，有时候读得连饭也忘了吃。时间一长，卖书老人也被他的读书精神所感动。当他得知这个孩子就是王充时，便高兴地说："你以后尽管来这里读书好了。"并特别为他准备了一把椅子。后来经过几年的努力和积累，王充写出了思想巨著《论衡》。

jù shàn cān fàn　　shì kǒu chōng cháng

具膳餐饭，适口充肠。

bǎo yù pēng zǎi　　jī yàn zāo kāng

饱饫烹宰，饥厌糟糠。

【注释】

具膳：准备食品。

饫：饱食，这里指过饱。烹宰：指鱼肉荤食。

厌：同餍，吃饱。

【译文】

家中准备的饭菜，只要口味合适能吃饱肚子就行。经常吃得饱的人即使有鸡鸭鱼肉也会生厌，而饥肠辘辘的人只要有糟糠填饱肚子就满足了。

【故事】

节俭的季文子

春秋时期，鲁国的执政官季文子曾先后担任过三朝的相国。虽然他的官职高，但生活却非常节俭，从不乱花一分钱，浪费一粒粮食。

一次，他的一个属下劝他在生活上要讲究一点，季文子说："我也想生活得气派一些，但我身为相国，怎能只顾自己享乐，而不顾老百姓的生活呢？"

他的下属听了这一番话非常惭愧地说："我的德行真是有限，现在我才明白，为什么你能做三朝的相国了！"

qīn qī gù jiù　　lǎo shǎo yì liáng
亲戚故旧，老少异粮。

qiè yù jì fǎng　　shì jīn wéi fáng
妾御绩纺，侍巾帷房。

【注释】

异：不同。

御：从事。

【译文】

亲朋老友来做客要以礼相待，老人和孩子要用不同的食物来招待。妻妾在家中从事纺纱织布的工作，还要在内室侍奉丈夫。

wán shàn yuán jié　　yín zhú wěi huáng
纨 扇 圆 洁 ， 银 烛 炜 煌 。
zhòu mián xī mèi　　lán sǔn xiàng chuáng
昼 眠 夕 寐 ， 蓝 笋 象 床 。

【注释】

纨扇：绢扇。

炜煌：明亮。

蓝笋象床：以蓝青染过的笋席，用象牙装饰的床。

【译文】

圆形的绢扇洁白素雅，明亮的烛光辉煌如银。白天小憩，晚上就寝，用的是青蓝的竹席和象牙雕屏的床榻。

xián gē jiǔ yàn　　jiē bēi jǔ shāng
弦 歌 酒 宴 ， 接 杯 举 觞 。
jiǎo shǒu dùn zú　　yuè yù qiě kāng
矫 手 顿 足 ， 悦 豫 且 康 。

【注释】

觞：酒杯。

矫：举起。

【译文】

在有乐队歌舞助兴的酒宴上，一杯接一杯开怀畅饮。直喝得手舞足蹈，真是又快乐又安康。

【故事】

朕也喝醉了

宋太宗时，为国家立下汗马功劳的孔守正和武将王荣来到北陪园侍奉宋太宗饮酒。孔守正和王荣两人非常豪爽，他们喝着酒，大谈战场上的英雄之举。没过多会儿，孔守正就喝得酩酊大醉，开始胡乱说起话来，还在宋太宗面前和王荣争论起彼此的功劳来。这两个人吵得脸红脖子粗，简直把宋太宗在场这事忘得一干二净。一旁的侍臣们看不下去了，就请求宋太宗把两个人抓起来治罪。宋太宗没有同意这样做，他让人把孔守正和王荣分别送回了家。

第二天，孔守正知王荣酒醒了。知道自己昨天在皇上面前发酒疯、失礼的事后，两人心里感到很后悔。于是两个人一起来到大殿向皇上请罪。宋太宗却说："朕也喝醉了，记不得有这些事。"孔守正和王荣听后，非常感动，他们发誓今后要更加努力地坚守职位。誓死为朝廷效命。大殿里的文武百官见了这场景，也非常感慨，特别佩服宋太宗的宽容和仁慈。

dí hòu sì xù　　jì sì zhēng cháng

嫡后嗣续， 祭祀烝尝。

qǐ sǎng zài bài　　sǒng jù kǒng huáng

稽颡再拜， 悚惧恐惶。

【注释】

嗣：继承。

尝：秋祭。烝：冬祭。

稽颡：叩头以额至地。颡：额。

【译文】

子孙一代代向下得以传续，按时祭祀，请求祖先祐庇。在举行祭祀仪式时，要反复磕头再拜，心怀敬畏之心。

【故事】

优孟以衣冠谏楚王

优孟是春秋时楚国的艺人，他滑稽幽默，常以说笑话的方式向楚王进谏。当他了解到死去的相国孙叔敖的儿子孙安，靠打柴为生，生活非常贫苦，深感楚王这样对待功臣之后不公平，暗自盘算着要为孙安鸣不平。孙叔敖是楚庄王时代有名的贤相，他尽心尽力地辅助庄王成就了霸业。他在临终的时候，嘱咐儿子孙安说："我死了以后，你千万不要做官，可以回乡种地去，我写好一本奏章，你替我递给大王。"说完便咽了气。孙安带着父亲的奏章去见楚王，庄王一看，上面大意是：

我这样一个乡下人,承蒙大王提拔,居然当了令尹。可惜我没有做出大的功劳来报答大王的恩典。我只有一个儿子,他才学太差,不配在朝中为官,请求大王让他回乡下去。由于连年的兵荒马乱,弄得老百姓日子难过,大王要爱护他们,让他们能够过上太平日子。

楚王看过折子,难过地说:"孙叔敖至死不忘国家,他死得多么可惜啊!"庄王伤心地流了泪,难过得好几天吃不下饭,成天叨念着孙叔敖。

孙安回到乡下后,由于孙叔敖为官清廉,根本就没有留下什么家产,就只得靠自己种地过日子。日子久了,官府也就把他遗忘了。

有一天,官里摆酒席请客,优孟在赴宴时,特意穿上孙叔敖生前喜欢穿的衣服,戴上孙叔敖的帽子,学着孙叔敖的举动。

楚王一见,又勾起对孙叔敖的思念,优孟就用说笑的方法,把孙安的苦日子讲给庄王听。后来,楚庄王便叫人把孙安找来,一定要给他一座城池,孙安说什么也不肯接受。在楚庄王的一再坚持下,孙安只好讨了楚国最贫瘠的一块薄沙地做自己的封地。

jiān dié jiǎn yào　　　gù dá shěnxiáng

笺牒简要，顾答审详。

hái gòuxiǎng yù　　　zhí rè yuànliáng

骸垢想浴，执热愿凉。

【注释】

顾答:回答问题。

骸:身体。垢:污垢,脏。

【译文】

书信要写得简明扼要，回答问题要准确详细。身上有了污垢就想洗澡，拿着烫手的东西就希望它赶快冷却。

【故事】

一字千金

公元前 246 年,那时正是我国群雄并起的战国末年,十三岁的秦始皇继承了秦国的王位。大商人出身的卫国濮阳(今属河南)人吕不韦,由于帮助秦始皇的父亲获得王位有功,继续担任相国的要职,并被称为"仲父"(即义父的意思)。那时候,权贵们收养门客的风气盛行,吕不韦也养有三千门客。在这些门客中,各种各样的人都有,不少也真有些才学。于是吕不韦就命令他们博采众家之说,编纂了一本名叫《吕氏春秋》的书。吕不韦为扩大自己的影响,提高自己的声誉,便把《吕氏春秋》这本书公布在秦国都城咸阳的城门楼上,并悬挂着重赏,下令说:"谁要是能够增加或减少书中的一个字,便赏赐千金"(秦时二十两铜为一金)。慑于吕不韦的权势,谁也没有敢去动一个字。后人就用"一字千金"来形容词赋、文章的精辟及价值的贵重。

lú luó dú tè　　　hài yuè chāo xiāng
驴骡犊特,骇跃超骧。

zhū zhǎn zéi dào　　　bǔ huò pàn wáng
诛斩贼盗,捕获叛亡。

【注释】

犊:小牛。特:公牛。

骧:奔跑。

诛:杀戮。

亡:逃亡。

【译文】

驴、骡、牛一旦受到惊吓就会比马跑得还快。诛杀盗贼，逮捕造反和逃亡的人。

【故事】

丧家之狗

孔子名丘，字仲尼，春秋时鲁国陬邑(今山东曲阜)人。因为他排行老二，后人也称他为孔老二。他是儒家学派的创始人，在鲁国不得志，便带领学生周游列国，结果仍然到处碰壁。

有一次，他来到郑国，同跟随他的学生走散了，便一个人站在城的东门口张望。这时候，郑国有一个人对孔丘的学生子贡说："东门有人，其颡似尧，其项类皋陶，其肩类子产，然自要以下不及禹三寸，累累若丧家之狗。"

这段话的意思说："东门口站着一个人，他的前额似尧，他的脖颈又像曾辅佐虞舜的大臣皋，他的肩膀却象郑国的政治家子产。不过，自腰身以下和禹相比，则短了三寸，看他那疲惫瘦弱的样子，活像一只死了主人无家可归的狗。"

后来，子贡把这些话如实地告诉了孔子。孔子听了，不但没有生气，反而笑嘻嘻地说："人的长相倒并不重要，可是他说我像一只无家可归的狗，这倒是对呀，对呀！"根据这一故事，后人把"累累若丧家之狗"简化为"丧家之狗"来表示失去依靠,无处投奔,到处乱窜的人。

bù shè liáo wán　　jī qín ruǎn xiāo

布射僚丸，嵇琴阮箫。

tián bǐ lún zhǐ　　jūn qiǎo rèn diào

恬笔伦纸，钧巧任钓。

【注释】

布：吕布，三国时人，善射。
僚：楚人宜僚，善玩弹丸。
嵇：嵇康，长于弹琴。

【译文】

吕布精于射箭，宜僚善玩弹丸，嵇康长于弹琴，阮籍擅长吹箫。蒙恬发明笔，蔡伦发明纸，马钧巧制水车，任公子善钓大鱼。

shì fēn lì sú　　bìng jiē jiā miào

释纷利俗，并皆佳妙。

máo shī shū zī　　gōng pín yán xiào

毛施淑姿，工颦妍笑。

【注释】

释纷：解决纠纷。
毛：毛嫱。施：西施。淑：美好。

【译文】

为人解决纠纷和带来便利，都是值得称赞的行为。毛嫱和西施姿色美丽,无论她们是皱眉忧愁还是喜笑颜开都同样美艳动人。

【故事】

东施效颦

春秋时期,越国有个绝色的美女,名叫西施。她长得非常漂亮,无论怎样打扮,一举一动都是很美。

西施有个心口痛的毛病,犯病的时候总是用手按住胸口,皱紧眉头。

一次,西施心病又复发,皱眉蹙额地走在村里的路上。村里有一个丑陋的女子,看见西施这种样子很好看,也模仿着西施,抱着心口,皱眉蹙额走在村里的路上。村里人看见她这个样子,或紧紧地关上房门不出来,或领着孩子远远地走开。

她见西施的病态表情很美,在别人眼里很妩媚可爱,就认为自己这种照葫芦画瓢的模仿也会很美。可实际上,人们见了就躲,觉得她更丑,更难看了。

可见,机械地模仿别人,往往会弄巧成拙,越学越糟,为人们所取笑,落人话柄。

nián shǐ měi cuī　　xī huī lǎng yào
年矢每催，曦晖朗曜。

xuán jī xuán wò　　huì pò huán zhào
璇玑悬斡，晦魄环照。

【注释】

年矢：比喻时光如箭。每催：频繁地催促。

曦、晖：都指日光。

璇玑：北斗七星第四星。这里指北斗星。

【译文】

光阴如箭飞逝，岁月匆匆催人老，只有太阳的光辉永远照耀人间。北斗星随着四季变换转动，明媚的月光洒满人间。

【故事】

董遇惜时

东汉末年，有个叫董遇的人，自幼苦读诗书。虽然家里非常贫穷，但他从来没有放松过学习，只要一有空闲就拿出书来读。后来，他写了一部非常有影响的书，有好多读书人都找上门来，向董遇请教读书的秘诀。

董遇说："要充分利用一切可以利用的时间，才能掌握更多的知识。"大家才知道，董遇的成功全靠"勤奋苦读"四个字。就这样，董遇因惜时如金成为一个著名的学者。

zhǐ xīn xiū hù　　yǒng suí jí shào
指薪修祜，永绥吉劭。

jǔ bù yǐn lǐng　　fǔ yǎng láng miào
矩步引领，俯仰廊庙。

【注释】

指薪：脂薪，古时烧之以照明。

绥：安好。

劭：美好。

矩步：迈步符合规定。

【译文】

像不熄灭的火种一样不断地积德修福，就会永远吉祥幸福。走路要稳重，举止要大方，俯仰之间要像在祖庙里祭祀祖先那样庄重严肃。

shù dài jīn zhuāng　　pái huái zhān tiào
束带矜庄，徘徊瞻眺。
gū lòu guǎ wén　　yú méng děng qiào
孤陋寡闻，愚蒙等诮。

【注释】

束：系。矜庄：端正庄严。眺：望。
陋：鄙陋。寡：少。等诮：同样受人嘲笑。诮：责备。

【译文】

衣冠要整洁端正，散步或登高望远都要注意仪表风范。

孤陋寡闻、见识短浅的人，与那些愚昧无知的人一样同样会遭到别人的嘲笑。

wèi yǔ zhù zhě　　yān zāi hū yě
谓语助者，焉哉乎也。

【注释】

谓：称为。

【译文】

焉、哉、乎、也都是语气助词。

读 书 笔 记

_____年_____月_____日
